女帝待望論

鈴木邦輝

明月堂書店

【編集部解題】

●本著『女帝待望論』は二〇〇四年に世界書院より刊行された『女はなぜ男に負けたのか』——女帝待望論——の復刻版である。

●復刻に際しては、明らかな誤字脱字の訂正と、註釈に若干手を加えた以外は総て旧版のままである。

まえがき

いつまでも夢を見失わない、それこそ少女が明るくはつらつとしていられる理由である。シンデレラのように、最後は王子様と結婚して皇太子妃や王女に、というのも、はつらつとした少女の一つの夢ではないかと思う。ところが、この夢のコースに黄信号、赤信号が点灯している。

ダイアナ妃の不幸、以前の話ではあるが美智子妃殿下の失語症云々の話、最近の雅子妃殿下のご病状。理想的な中産階級であって欲しい方々を襲うご不幸。単なる野次馬としてでなく、何らかの打開策はないものかと案ずる次第である。

女王制が認められている英国と、依然として男子のみの日本の皇室を同一のテーブル上で論じるのは間違っているのかもしれないが、どちらのケースも、開かれた王室（皇室）のその度合いの問題と、王室（皇室）とプライバシーの問題が内在することは理解できる。

ただし、幸福であって欲しい人たちでさえ逃れられない艱難だとすると、これは王室（皇室）だけの問題ではないのではないか――。となると、「女性と家庭」の問題にメスを入れなければ解決はおぼつかないということになる。

本書のメインテーマは、平塚らいてふの言葉「元始、女性は太陽であった」の謎の解明である。これは、私のライフワークでもある。人類はどのようにして男権社会にたどり着き、それはどのような意味があるのか、女性にとっては今の被抑圧状態からいかに抜け出すことができるのか、という点である。

本書のなかで、最も読んでいただきたいところをあえていうならば、それは、第二部に収めた三つの論文である。青年期から早三十年、この間、最も時間をかけてきた考察の結果がそこに集約されている。

そのうち第一章、「ヘシオドス・『蛇忌み』・鉄」（八三頁）は文明批評……、現代の根底的批判が、すでに紀元前のギリシャにあった驚きを書いたつもりである。欲望やねたみ、兄弟愛も父母への思いやりもない現代の背景に、女神の退出があった。本書の骨格となる論考である。

次の第二章、「ヤマタノヲロチ神話解釈の重要性」（一〇七頁）は、数学で云う・演繹法・を用いて古代史の謎に挑んだものである。卑弥呼のひきいる女王国には、千人もの侍女がいたとのことであるが、古代の記述や伝承のなかから、女性が集められるというケースを考えると、ヲロチ神話に行き当たる。

邪馬台国がどこにあったか（九州説と畿内説）の謎よりも、侍女一〇〇〇人はどこからきたかの方が重要である。この点に着目すると、スサノオノミコトとヤマタノヲロチ神話は、女性を救うという形をとりながら、実は女性を家庭に閉じ込めることになった神話ではないのか、と論考して見た。

最後の論文、第三章、「『竜・鉄を忌む』説話と女性史・技術史」（一一七頁）以下は、文化人類学的手法で、古代から現代までの構造を裁断したものである。ジョーズのような鮫やフカによる被害は昔から多数あったらしい。これを避ける方法として、赤い帯やたすきを身に着けて泳ぐとよい、というところから話が始まり、ついには一神教と多神教にまで至る論考である。

これら三論文を書き終えた頃は、発表の場もなかったし編集者にも理解されにくいテーマだったのであろう。その後、私自身社会人として本業のほうに時間をさかれたこともあり、陽の目を見ないまま忘れ去られて私の手許で眠ったままになっていた。

当時は「蛇忌み」についても、吉野裕子氏の著書の中で、問題点の指摘があるのみで、論考には至っていなかった。現在では、「蛇忌み」とか縄のテーマでかなりの書が発行されている。

第一部・第二章は、今般発生している・女帝問題・を資料と考察を交えて書き下ろしたものである。

飛鳥・奈良時代の天皇は、男女同数の割合で女帝が活躍したのに、なぜか、平安時代以降女帝が消えてしまった。日本版の「立ち去った女神たち」である。この原因を、三つの角度から解明した。

一は神話の力、二は「家制度」、三は女帝達の実像について概観し、次に、卑近のテーマ「女帝実現」に向けて、皇室典範のどこを改正すればよいのか、解説と提案を試みたものである。

このうち、「家制度」については、今回、私の方も学徒となって、女性研究者たちの優れて実証的な研究成果を学ばせていただいた。結果として、神話の普及と家制度の開始と女帝退去の時期がくしくも一致し、話としてもよく噛み合っていることに気付くことが出来たのはおおきな収穫であった。

本書の構成とは話が逆に進んでしまったが、第一部・第一章は、現代の状況である。

男女平等は法律上はかなり整備されているものの、法が及ばない多くのところで、依然として古い考えがはびこっている。私の知る限り、こうした傾向に対しては、マスコミでも評論家の田嶋陽子さんなどが、かなり頑張って闘っておられるように見受けられるが、残念ながら現状は焼け石に水的なところもあるように思う。

女性はとにかく生命原理の源ではある。これに対し、若者の集団自殺、戦争と自爆テロ、一家惨殺、中高年の自殺など直接的に生命が失われていくだけでなく、現代は、少子化やセックスレス、いろいろな理由で結婚しない（負け犬などと自称している）三〇代女性の増加など、豊かな生命原理の極からみんなで遠ざかっていく時代になってしまった。

このときだからこそ、女性が登場して社会のトップを奪回しなければならない。生命原理の回復のためにまたとないチャンスがいま訪れたという捉えかたも可能である。

男女平等の観点で、法律上最も後れを取っている皇室において、三八年間も男子が生まれていない（註）。立法過程で女帝の可能性はつねに議論はされてはきたが、慎重論と、まさかそんな事態は予想できないとして、結局、今日まで男帝制が維持されて来た。女帝制に対する慎重論の根拠は、当時としてはなるほどと思えるいくつかの理由があったが、今にして思えばその全てに根拠が無いと言っていいだろう。

本書における論考をきっかけに、これらの論議が盛んになることを期待するとともに、この際、原点に立ち戻って女帝制が可能となりうる法的な整備を提言するものである。

全体をとおして、皇室典範の改正は、緊急かつ重大なテーマであるにもかかわらず、さわらぬ神にたたりなしのような扱いになっている。議会が動かなければ、国民運動を盛り立てていくことが必要となる。本書が、女帝問題を、自分の問題としてとらえ、立ちあがらんとする人たちのためのほんのささやかなガイドブックになれたならば幸いである。

尚、本書『女帝待望論』は一冊に纏められているが、第一部と第二部では書かれた時期に二〇数年間の開きがある。〝ウーマンリブ〟など、今の読者にとってなじみのない言葉がいくつか散見されるのはそのせいである。文体の推敲とともに、それらの言葉についても削るなり何なりの配慮をすべきかとも思ったが、かえって「角を矯《た》めて牛を殺す」の愚をおかすことをおそれ、あえてそのままの状態で発表することにした。宜しく読者に容赦を乞うしだいである。

（註）その後秋篠宮様家に悠仁殿下が誕生されたが、依然として男子は一人しかいない。

目次

第一部　女帝待望論

第一章　女性論をやることは哲学の画龍点晴

「愛子内親王さまを女帝に」「男社会の最も厳しいところが皇室へ集約」とか、「美智子皇后陛下の失語症」「雅子妃殿下の……」、などと騒がしい。

昔、アマテラスは女帝なのに、今はなんでこんなに男権社会なのか、この辺を探ってみると、およそ二〇〇〇年前に各宗教のヘッドも急速に男性ヘッドに切り替えられている。この時期は、どうも金属文明の朋芽と一致してしまう。鉄や産業、あるいは武器が文明であるとするならば、このために男権社会が生まれてしまった。男権社会は大きな栄華を経てきたことは確かである。今や、環境汚染と戦争の連続で文明社会にも一定の行き詰まりが生じている。男権社会にも一度しめくくりをして、命と平和の源である女性に皇帝を譲ってもよいのではないか。

とりあえず、現在日本の女性の大多数がおかれている情況から話をスタートしてみたい。

一　現代妻事情――〝自立できない〟ノーラは今も多数

実感として、今時、亭主関白の家などあんまり流行らない、という気もするし、家族に代わって父が一人責任を取ったと思えるような中高年の自殺も多い。しわ寄せはみんな男のところにやって来る――。そんなことから考えて、世間一般、今〝男の権威〟なんてものは完全に崩れさってしまったのではないだろうか。ましては〝男の権力〟においてをや。〝権威〟〝権力〟どちらをとるにしても〝男権〟受難の趨勢は確実に来ているように思えてしかたがない。

やれ交通事故死だの病気だの、その上過労死まで加わって男性の平均寿命は、女性に比べて、およそ七歳ほど短い（女性八五・三三歳、男性七八・三六歳　厚生労働省「二〇〇三年簡易生命表」より）。

それとは逆に女はどうか――。夫を看取ったあと、悠々自適のおばあちゃんライフをおくっているという女性の話をよく耳にする。〝長寿〟女性にはこれがある。

しかし、これは〝悟りを開いた年齢〟での話である。相手《つれあい》がいなくなってスッキリしたという程度の問題である。裏を返せば、相手の生前はいろいろ悩みが多かった。女性からみれば、やはり世間全体男性中心に進行し、個々の問題についても、広く共通の問題についても女性の受難状況はあまり改善されていないということだろう。本書は、まず、現代事情からその悩みの部分を論じていきたい。

イプセン*の三幕戯曲、『人形の家』は今から一二五年前に出版された。

物語はクリスマスイブから三日間のできごとであるが、夫の病気の治療のために夫に隠して借金をしていた行為が、取り立て人とのトラブルから夫にバレてしまったとき、自分は夫にかわいがられている人形にすぎぬと悟ったノーラは、夫と子どもを置いて目覚めへの旅に出る。同書は心をテーマにした、はじめての演劇とされるが、男権中心の家族制度がつづくかぎり、ノーラの悩みは存在しつづけるであろう。

ノーラと夫とのいきさつを簡単におさらいしてみよう。

夫は弁護士で、銀行の頭取に指名されたところ。彼女は父にも、それをひきついで夫からもこよなく可愛がられて結婚生活も八年を数え、子供三人は無事すくすく成長し、一見無難な生活を送っていた。しかし、ノーラは数年前、夫の病気の転地療養で一年間イタリア家族旅行をした際、その費用を亡くなった父のサインを偽造して、夫の部下から秘密裏に借金し、まだ少しづつ返却中であった。

＊H・イプセン　一八二八～一九〇六　ノルウェーの劇作家。代表作『人形の家』

そんな裏事情を知らぬ夫は、貸し方の男のサイン偽造に気づくと、男をクビにしようとする。それで焦った男はノーラの過去のサイン偽造を種にノーラ対し、自分の復職を夫に頼むように強く迫ったのである。そして、裏事情が明らかになると、夫は全てをのみ込んで許すことにした。危うくスキャンダルになりかけた事件は、夫が妻を許して解決へ向かうハズであった。ところが夫がノーラに言った言葉がきっかけになり、ノーラは夫と自分の置かれている位置関係に目覚めて、家出を決意してしまう。

その時ノーラを困惑させた、せっぱつまった女ごころを読み取ることのできる人が、はたして、世の男性諸氏にどれほどおられるであろうか。嫁姑問題でもない、男のふがいなさでもない、家庭内暴力でもない、家族の病気とかでもない。恵まれた状況にあるはずの妻が、なぜ?

「ああ、おまえは、ほんとの男の心根を知らないんだ、ノーラ。男にとって、妻を許した――心の底から許したんだと自分にいいきかせることくらい、口にいえない甘さと満足を与えてくれることはないんだよ。妻は二重に彼の所有となる。彼は妻を再びこの世に生み出したようなものだ。いってみれば、彼女は妻であり、同時に子供となる。おまえも今日からはそうなんだ、小っちゃな、途方にくれた赤ちゃん。何も恐れることはないよ、ノーラ。唯、おれに心を打ち明けろ。おれがおまえの心とも良心ともなってやる――何だい？　寝るんじゃないのか？　また洋服を着て？」。

さて、このせりふ、読者の皆さんはどのように受けとめるだろうか。

妻の罪を許したと言う背景にもとづいて、夫のほうは、豊かで大きな心で妻への愛が達成された瞬間のことば、と解釈しそうになる。しかし、いや待てよ、「男の自己満足、言いたい放題。勝ち誇った勝利者のおごり、で妻を〝もの〟と見ている」……正解。

この次の瞬間、ノーラは、外出着に着替えて家出をしてしまうのだ。劇空間でなくても、たった、二人しかいない夫と妻。そのどちらかが勝利者、残りが敗残者に確定したことは、ノーラの感覚としては、大きな空虚感、敗北感に打ちのめされた時とも考えられる。

しかし、ノーラはそこから立ちあがって、躍んだ。ノーラの気持ち、イプセンはことばの上ではなにも表現していないが、この瞬間からノーラに「自分がなかった」と、目覚めさせ、彼女は「自分探しの旅」に出発する決意をし、結末を迎える。

「お前は何よりも先に、まず妻であり、母であるのだ」という夫に対して、「もう、そうは思いませんわ。私は第一に、人間でなければならないと思います」とノーラが応じて、劇は象徴的な幕切れとなる。ノーラが出てゆく時に閉める玄関ドアの音――。とくに、この音は、女性解放の宣言とも解釈された。

相手を理解することの困難さ。いくらいとおしんだとしても、一人しかいない相手、その相手を制覇してはいけない。夫と妻でなくても、大切な人間関係への、基本的な教訓が語られている。

「私は第一に、人間でなければならないと思います」の場面、これはノーラ自身の人間宣言である。

また、男と女、どちらが上でもいけないことを、イプセンは、恵まれた家庭をベースにしたことで、訴えようとした。不幸だから家出、といういい訳をさせないつもりだったのだろう。

本書の銘題に立ち戻って考えると、制度としていまだに男が女の上にある皇室典範やその制度は、人間がつくったものにすぎない。そもそも制度は人間を生きやすくするものであって、人間に苦痛を与えるものであってはならないはずだ。

私は本書で、神話から派生して妻が家庭におしこまれるシステムを解明していくつもりであるが、世に〝良妻賢母〟なる言葉があり、賢い女性の生き方を示した本も多数出ている。

実際に、良妻賢母もいるに違いない。いつも、夫を立てて、その実、妻の言い分を通してしまえばよいのかもしれない。江戸時代の「三下り半」は、女性蔑視の象徴ではなく、妻の側が自由を得るために獲得した「バツイチ身分証明書だった」ということも聞く。

どんな世の中にも、制度の上を行く、生き方上手な人々は存在するものである。同じ目標、同じ趣味を持って、二人で邁進している人。こういう人々はいつの世の中でも光っている。しかし、制度という呪縛は、大多数の人には苦痛以外のなにものでもない。バタンとドアを閉じることは、今でも容易ではないのだ。

二　頑張るシングルズへ

一方、女性として一人で生きる多数のシングルズが増えている。

彼女たちも悩みは深刻である。病気や老後のこともある。それでも、けなげに、ときには男社会に伍して〝男〟として生きるか、頑として抵抗力・反抗力を発揮して、必死に自分の〝城〟を形成して生きている。

IT社会のなかで、女性がより生きやすくなっていることも確かである。『女の直感が男社会を覆す』（草思社）のなかで、ヘレン・フィッシャー*は、女性の得意なこととして、①ウェブ思考ができる。②横のつながりを重視し、みなが勝利するフラットな社会を作ろうとする。

③おしゃべり・ゴシップの力なども使ってメディアを作り、盛り上げる。④生まれながらの人間観察に優れている。⑤医療の場では、病気でなく、患者そのものを癒すことができる、と云っている。

携帯ビジネスに最適である。メールの文を読むだけでなく、人の心も読む。かくして、今後はますます経済力もついてくるだろう。しかし、なにかというと、男権社会が隣り合わせにある。同性から魔女狩りに遇うことだってめずらしくはない。もっとスムーズに生きていけるための、サポートが必要なのだ。

男一人なら肩肘張らなくても生きていけるだろう。女一人でもそうならなければウソである。本書は、そんな女性にも手を差しのべたいと思っている。今のような婚姻制度と男女間の意識格差のなかにあっては、すべての妻たちにも適応障害は避け難く襲ってくるに違いない。また、そこから脱したシングルズを暖かく迎え入れようと言う土壌が日本社会には極めて乏しい。

冷え切った夫婦より血の通った同棲を――、と思ったのに、同棲して見ると、さらに冷たい仕打ちが待っている。未婚の母を望んでも保証がないから子供を産むのもためらわれてしまうのだ。

オランダでは、同棲者も既婚者も、子供は対等に扱うようにしたら、少子化が抑えられたという。日本とオランダの違いは何か、考えるまでもないだろう。日本では妻たちにも、シングルズにも、男権という同じ圧力が加わって、おたがい生きづらくなっているのだと――。

それならば、まずは本書の主張である〝女帝論〟で私たちと〝男権社会〟をくつがえすべく共闘し、女性全体がより生きやすい社会の実現を目指そうではないか。

三　社会心理学の視点から

フロイト[*1]やユング[*2]は精神科医であり偉大な思想家でもあった。この二人が行きついた先は、人間の潜在意識のなかに、不可抗力的に（神話とか躾や教育の結果として）入りこんでくる歴史的な〝性〟のシステム（たぶん性差別と言い換えても良い）が、いま生きている人間に、知らず知らずのうちに、適応障害を起こさせる、ということである。

現在、中年の男性にたいしては「肩たたき」ということがひんぱんに行われているが、キャリアウーマンである女性についても、三〇歳ころに、アドバイスのような形で「そろそろ結婚

＊1 S・フロイト　一八五六～一九三九　オーストリアの精神科医。代表作『精神分析入門』など。
＊2 C・G・ユング　一八七五～一九六一　スイスの心理学者・精神医学者。代表作「無意識の心理学」「心理の類型」

を考えては」とか「後輩も育ってきているし」などと圧力がかかるという。

または、中心的な仕事から閑職に廻される。その方が彼女のためにもなるからと言いながら、「家庭を守れ」とか出産を理由に、夫や姑の側から圧力がかかる場合もある。

男子よりも自分の方ができると思っている女性ほど、理不尽な思いをするに違いない。たどっていくと、誰も味方がいない。友人たちも同じ道を歩んでいる。もし抵抗するとしたら、アドバイス側が常識で、抵抗する側が非常識とされる場合が多い。これでは仕事をもつ女性でも主婦でも適応障害的な症状を起こさない方が不思議である。

ここで御世話になるのが心理コンサルタントや精神科医だ。臨床心理学に新境地を開いたフロイトは、「性」、同じくユングは、「錬金術や神話」がいずれも、深層心理に重要な働きかけをするということを指摘した。これが、フロイト、ユングが遺してくれたキーワードである。

文科系と理科系とか、法学部、医学部、工学部、文学部、経済学部……などの分類で、一生、同じ専門の中に止まっている人が多数いるが、ユングの『錬金術と心理学』は、工学部と文学部・医学部が一冊の中に同居している。

ユングの書は、大学でいえば、キャンパスの端と端、フロイトの『精神分析入門』も同様に、医学部と社会心理学である。つまり、いま論じているテーマは、大学の分類を縦断している議論である。〝学の学〟であるから哲学である。本書でも、繰り返し述べているように、女性論の体系化が完成すると、これらの謎がきれいに解消し、哲学そのものの分派が女性論を軸に融合し、構造主義、……主義、とはならずに、〝哲学〟そのものに包括されてくるのである。

哲学の融合による効果は、哲学が社会をウオッチングし、解析し、アドバイスする本来の在りかたに多大のエネルギーを与え、それにより社会が救済されるということだ。フロイトもユングも精神医学者であり、つねに臨床と治療と思考を一体としてとらえ、そこから生まれた問題意識をまとめてきたわけである。

病気の根源が、気候や、化学物質、自然物によらず、歴史的・社会的なところにある——、これは重要な発見であった。引き継ぐべきわれわれの課題とは、歴史や社会を変革して病を治すことではないのか。

少しでも変革がなければ、そこからの脱却はあり得ない。変革なき医術は、癒すことはできても、治すまでには至らない。女性たち（さらには、そこから波及して、女性に責任を感じて鬱に陥っている中年男性たち）には、この点に気がついて欲しい。

女性のヒエラルヒー（又はヘゲモニー）の確立は、病の治癒はもちろんのこと、女性ばかりでなく男性にとっても、より生きやすくする薬なのである。

本書が述べているのは、女性を家庭に押し込んでいる枠を取り外すことにより、女性のみならず男性をも解放することである。ユングをさらに一歩押し進めると錬金術とその結果出来た金属のおかげで、人類はいかに愛する心を失ったかがわかる。ヘシオドスの視点である（八三頁以下参照）家族、婚姻、女性が、現在の呪縛から救われるためには、ノーラのように跳ぶ必要があるのだ。歴史を逆流して、通い婚に戻すのも、けっこう面白い。光源氏の時代にはなかったネットを駆使して、女性同盟も活動してはどうか。どこにでも通う光源氏を吊し上げることも可能である。ＤＩＮＫＳ（ダブル・インカム・ノー・キッズ共かせぎ子なし）を目指すなどといわず、ＤＩＭＫＳ（モア・キッズ）を目指して、勢力拡大していくことが必要ではないだろうか。

四　夫たちへ……皇太子殿下の異例の記者会見

前節は、いわばどこにもある女性論の定説にすぎないのかもしれない。現実と定説の間にはギャップが存在してはいるが、人々の頭のなかでは、女性論が云わんとしていることは、浸透してきている。単なる女性への思いやりや、憐れみは、女性から拒否されるばかりである。男も女もここは制度との闘いが必要なのだ。

闘いがどんな形であれ、このような局面で闘わずして、人間の存在意義《レゾンデーテル》はない。しかし闘うことで権力の前に挫折することを数多く経験してきた。皇太子殿下の異例の記者会見。あれも

「皇室適応の努力で疲れ切る」
「人格否定するような動きも」
雅子さま巡り皇太子さま語る

皇太子さまは10日午後、12日からのデンマーク、ポルトガル、スペインの3カ国訪問を前に、東京・元赤坂の東宮御所で記者会見した。皇太子さまは静養中の雅子さまが同行を見合わせたことについては「後ろ髪を引かれる思いです」と話すとともに、雅子さまが体調を崩した背景として「（皇室に入るまでの）雅子のキャリアや人格を否定するような動きがあった」とも語った。

外国訪問を前に、質問に答える皇太子さま＝10日午後、東京都港区の東宮御所で、代表撮影

すばらしい闘いである。形はどんなものでもよいのである。昔だったら突き放すか沈黙しかなかった。皇太子さまが思いやりの人であることは、誰しもが認めていたであろう。しかし、そこから一歩進んでの記者会見。思いやりだけでは解決しないという認識があったのだと思われる。

夫といえば、別のところにも問題が発生している。中高年男性の自殺である。

「家族への責任が果たせなくなった」というのが、これまで健康に働いていたお父さんが、本来、ロマンスグレイを楽しむ年齢になって自殺してしまう主要な理由のようである。ここでも、家族という足かせが人の命を奪っている。

女性を家庭に押し込めている男権的な家族制度そのものが、問われているのである。

もはや、「開かれた家族」とかの対応では手遅れだ。男性の側からも、男権的家族制度からの解放を声高に主張すべきだといいたい。本書は、その最初の突破口として、女帝（女性天皇）の実現の法制化を世間に問うものである。

第二章　女帝の歴史と、皇室典範の改正案

一　歴史のなかの女帝像

最近三八年間、皇室に男子が一人も誕生していないという。（八頁註を参照）これを、由々しき問題と考えるよりも、むしろ私は、国民全体がひさびさにほのぼのとした話題に取り組めるいいチャンスではないかと考えている。それが、女帝論を世間に問う理由である。

先行した議論は、論議百出……。このなかで、天皇制が男権制を強めたのは明治維新以降である――、と主張する人達がいる。これは判る、しかし、いかなるいきさつで天皇は男権中心になったのか？　タブーな面もあったのかも知れないが、誰も明確な答えを出していない。

私はたまたま取り組んでいた金属の歴史のなかから、その〝裏がえ史〟としての女性史が、きれいに対応することがわかり、古代中心にまとめたのが本書である。

広く知られていることであるが、日本には過去に八人・十代の女帝（女性天皇）がいる。、

本章ではこれを振り返ってみよう。

尚、本書では女性天皇を便宜的に「女帝」と記しているが、その呼称自体にさしたる意味はない。

二　八人・十代の女帝

代		在位年	御降誕	御崩御
三三	推古《すいこ》天皇	五九二—六二八	五五四	六二八
三五	皇極《こうぎょく》天皇	六四二—六四五	六九四	六六一
三七	斉明《さいめい》天皇（皇極天皇の重祚）	六五五—六六一	五九四	六六一
四一	持統《じとう》天皇	六九〇—六九七	六四五	七〇二
四三	元明《げんみょう》天皇	七〇七—七一五	六六一	七二一
四四	元正《げんしょう》天皇	七一五—七二四	六八〇	七四八
四六	孝謙《こうけん》天皇	七四九—七五八	七一八	七七〇
四八	称徳《しょうとく》天皇（孝謙天皇の重祚）	七六四—七七〇	七一八	七七〇

一〇九　明正《めいしょう》天皇　一六二九―一六四三　一六二三　一六九六
一一七　後桜町《ごさくらまち》天皇　一七六三―一七七〇　一七四〇　一八一三

神武から平成まで天皇一二五代のうち、八人十代が女帝である。その比率八パーセント。別表にまとめたが、第三三代の推古天皇から、第四八代の称徳天皇までが六人・八代、八五九年の空白ののち、第一〇九代と第一一七代に二名二代の女帝が存在した。時代から言うと、推古～称徳は飛鳥時代から奈良時代に集中し、平安・鎌倉・南北朝・室町・安土桃山時代は一代もなく、江戸時代に二代あったことになる。

三　女帝全盛時代

飛鳥時代から奈良時代まで一八代の天皇のうち八代までが女帝である。四五パーセントほどの比率である。これが、平安・鎌倉・室町ときても、江戸時代の二代まで女帝が出現しなかった。

今後、女帝制度を検討・再開していきたいとする立場からも、この理由をある程度理解しておかなければならない。そのため、六〜八世紀がどんな時代で、その後の平安時代以降には、どんな変化が生じたのか（なにかが整えられて、なにかが失われていったはずである）考えてみたい。

結論からいうと三つある。一つは神話が完成し、その影響力が平安時代以降の天皇の在り方を形成したという点。

二つ目は、中世女性史の研究者たちが明らかにしたように、国から貴族に与えられた「家」制度が、上層貴族の間に定着し、それまでは通い婚だった男子が、家父長として家に定着していく過程があったこと、逆に、古代から祭祀などで役割分担のあった女官たちが、後宮からも退き、今度は家のなかから、「妻」という立場で夫を通じてしか朝廷に関与できなくなったことである。

そして、三つ目は、各女帝それぞれの実際的な動きからの所産である。より具体的にいうと、奈良時代最後の女帝、称徳天皇の道鏡事件。天皇の血を引かない道鏡に皇位を伝えようとしたことなど諸々のことから、女帝にたいしての信用が一気に崩れ、以後女帝の再現を阻む大きな理由となってきた。

今回、あらためて調べてみて、女帝は〝中継ぎ〟にすぎなかったなどというが、古代の女帝は、なかなかどうして、人物的にも、政治手腕の上でも、施策においてもすべてにわたって男帝を上回っていることがわかった。五世紀頃は、武力で相手を倒し、勝った者が皇位につくといった、政変や内紛に天皇自身対処しなければならなかったため、男帝は必須であったのである。しかし、一定程度武力闘争が収まると、女帝が出現し、高度な政治的判断力のもとで、大胆な施策や海外派兵なども断行した。男帝の方は、依然として、武力に備えていなければならず、この間、男帝の影はかなり薄い。

別の見方として、天皇を取り巻く豪族の影響もある。物部→蘇我→藤原と移ってきたなかで、古代女帝は蘇我氏の閨閥作戦の所産であるとする見方もある（武光誠編『古代女帝のすべて』）。ただし、古代最後の女帝である孝謙・称徳天皇は、こんどは、藤原家側からの女帝である。以後、平安時代以降は、天皇の政治力はむしろ抑制され気味で、男系にはなったものの、結果として天皇の力が発揮しにくい幼帝が多数生まれた。

江戸初期に八五九年ぶりに女帝が再誕するまでの空白期に、六五代の天皇が即位したが、一五歳以下で即位したのは三二代（約五〇パーセント）もいる。内、五歳以下は一一代もある。その分、摂政、関白が幅を利かすことにはなるのだが……。

意外と思うほど天皇が実力を発揮した代は限られているが、奈良時代から平安時代にかけての時代は、兄弟でも武力で争って権力の座に就こうとした時代である。天皇制の荒削りな形成期から、将来を見越して閨閥関係を駆使して一族の安定をはかろうとした時代。政権作りへの移行期であったことだけは確かである。

それでは、神話の力、「家」制度、女帝たちのパーフォーマンスの三つについて、解題してみよう。

神話の力

神話や伝承、童話などの力は〝人間〟を育てるために重要な役割を果たしている。最近、グリム童話の「残酷さ」（オオカミの腹を斬る、などは教えていいのかとか）、が話題にされているが、五年ほど前、私自身のことで恐縮だが、胆のう炎の手術の際の麻酔ミスで五日間の臨死体験をしてしまった。

その際、最も苦しめられたのが、幼年から少年期に読んだピーターパンのなかの妖精のことばである。

「わたしたち、汚れたものに出会ったら死ななければならないよ」というようなワンフレーズなのだが、意味不明のこの言葉が、長年、脳のどこかに引っかかっていたらしい。

麻酔で脳が朦朧としていたときに、いつのまにか、看護婦さんを〝妖精〟に作り上げてしまっていた。手術後のガーゼの交換などに立ち合う看護婦さんが、私のせいで次々と病院の池に身を投げて死んでいくのである。

もちろん私は、点滴などでベッドにしばりつけられたままなので、看護婦さんの死ぬところは見ることはできないが、廊下の先のドアを開けると仮想の池があり、立ち合いから戻ると、さっと池に入ってしまう。交替勤務で次々と来る看護婦さんが、皆、死んでいくのである。そのうち、看護婦さんの親たちが来て私を責めるのだ。君の汚れ物が原因で、娘がこんなことになって「君もあの世行きだ」と。

すべて、幻覚・幻聴の世界で、これは一過性だったので三日程度で収まったのだが、そのとき、親たちを〝私に誤りがあるわけではない〟と突き放したので私は現世に戻れたのだと思う。親たちの方をまともに向いていれば、どうなったのか分からない。

いずれにせよ、幼年期に一回だけ読んだピーターパンの童話のほんの一節、これが個人をこれだけ追い込んだのである。

神話となると、全国民、全世代がいく代にもわたって影響を受けるのであるから、その影響力は絶大である。神話の中味は、子供たちが読んでも分かりやすく書いてある。

どんな読み方をしても自由であるが、国家創設の歴史と現権力の正当性が結びついている構成となっている。一般大衆は、どう受けとめているのであろうか。

それを古代人の知恵と考える人もいれば、受けとめ難い人もいよう。反面教師の立場もある。

そもそも、神話の由来を古代における巨大造営物の建設に求める説もある。ピラミッド、スフィンクス、万里の長城、巨大古墳、大仏……。日常的に必要な、食料生産や住宅の建設とは異質な、権力者の墓や宗教の象徴を造営するには、多大の日数と人数が必要である。

言葉も思考もない奴隷のような労役がつづくなかから、最初は疑問から、つづいて反抗心が芽生え、暗鬱な気分が流れ、なにかのきっかけがあれば、反乱となるかもしれない。支配者側は、この事態を打開するために、神話を作らせ、そのなかに現政権の正当性を織りこんだのだとする説である。


『古事記』は、奈良時代の中期、元明天皇の和銅五年（七一二年）に完成、『日本書紀』も次の元正天皇の養老七年（七二〇年）に完成しているが、いずれも着手から四〇年ほど経過している。

朝廷では『日本書紀』を最初の正史として尊重し、完成後まもなくから、平安前期まで七回にわたって講書の会が開かれ、普及が図られた。鎌倉時代にも総合的な注釈書として『釈日本紀』が書かれている。

『古事記』のほうも、きっかけとなったのは、天武天皇が壬申の乱に勝利して、天皇の聖化された由来を語るために着手されたものである。つまり壬申の乱は、大衆の反乱とは程遠い皇室内部での覇権争い（天智天皇の同母弟の大海人皇子と、天智の長子の大友皇子＝弘文天皇との後継争い）ではあるが、国民の指導者としての天皇の正統性を示すために着手された国史として、国民側に向けられた勅であったのだ。『古事記』は、上・中・下巻からなり、『日本書紀』は三十巻からなるが、『風土記』、『万葉集』、『古語拾遺』などからも日本神話のあらすじは読み取ることができる。

日本における、古代の大型建造物というと、古墳の造営、遷都にともなう都市造営、大仏の建立、最近飛鳥で発見された酒船石《さかふねいし》とそれに関連する石造物などであるが、このほかに多大な労役が伴うものに、海外派兵や、防人など、それに付随した船の建造などもあった。

まず神話を作らなければならなくなったという、これらの大型建造物の代表格である古墳について概観して見よう。

奈良県桜井市の、三輪山のふもとにある箸墓《はしのみはか》古墳は、全長二八〇メートル、三世紀後半に造営されたとされている。この古墳は宮内庁により陵墓指定されているため、発掘調査が許されていない。しかし、卑弥呼が死んだとされる二五〇年にきわめて近く、この箸墓古墳は、卑弥呼の墓ではないかとする説もある。

箸墓古墳が古墳時代のはじまりとすると、奈良盆地だけでも墳丘長二〇〇メートル以上の古墳は、二一あり、一三〇メートル～一九〇メートル程度のものは一七ある。東北から九州にかけて、萬を数える古墳だが、日本独自の形を持つ前方後円墳の最大のものが、大阪の仁徳天皇陵で、全長四八六メートル。第二位が応神陵で、四一六メートル、履中陵が三六〇にメートルとつづいて箸墓は、第一〇位である。

エジプトのピラミッドで最大級のものは、クフのピラミッドでも長さは二三〇メートル）ただし、ピラミッドは巨大な石であり、高さも高い。古墳は土盛が主体、ピラミッドの建設には一〇万人が三〇年かかった、といわれている。仁徳古墳は、一〇〇〇人が四年くらいらしい。

古代の造営物は、古墳に止まらず、例えば、天智天皇、天武天皇の母である皇極（六四二―六四五）・斉明天皇は（六五五―六六一）は、奈良・広陵に「百済大寺」（今の大安寺）、飛鳥に宮殿「飛鳥板蓋宮《いたぶきのみや》」を作った。船を国々で建造せよ。重祚して斉明天皇となってからは、飛鳥岡本宮、両槻宮《ふたつき》、吉野宮を造らせた。

近年の発掘で、飛鳥寺の南東丘陵に見つかった酒船石。そこから七五メートルのところまで水路が引かれ、その先に亀型の水槽が見つかっている。石畳の運搬のため、渠を掘り、舟二〇〇隻に天理市の石を積んで、垣造りに七万人、渠《みぞ》の工事に三万人を要したという。

代表的な前方後円墳、仁徳天皇陵

老年となって新羅討伐の遠征に向かった斉明天皇の末期には、大型土木工事に人民は疲弊し、国力も低下した。『古事記』の完成は、これより約五〇年後である。女帝たちの政治力で律令国家が完成していくが、大型土木工事等で疲弊した人民の心が、すさんだ方向を取らないようにコントロールするべく、神話が完成し神話の中の男権思想が〝常識〟のようになることによって、女帝の時代は幕を閉じていった。

「家」制度の発生

飛鳥・奈良と続いた女帝全盛時代。それが、平安時代からなぜ急に、女帝が出現しなくなったのか。この謎を解くための、第二の扉を開けてみよう。この章では、一般的な女性史の研究（後掲するが、主に服藤早苗氏[*1]、義江明子氏[*2]、関口裕子氏[*3]の著書を参照させていただいた）から、その背景を探索して見たい。

家族史や中世女性史は日本では高群逸枝[*4]らの先駆的かつ実証的研究が光っている。後継にも優れた研究者が多数並び、今回のテーマと重ね合わせて見ると、「家」の誕生前と「家」の形成過程と「家」の完成の三つのステップが、飛鳥以前と飛鳥・奈良と平安以降にきれいに重なっていることがわかった。

この三つのステップは、かなり急速に進んだ結果、平安時代には女性は「家」指向というか、「家」に閉じ込められたというか、政治の表舞台には出にくくなって来たのである。それでは、ステップを追って、その表情をみて見よう。

〈古代〉

古代日本の結婚の形は、妻問婚《つまといこん》といわれるが、この「妻」は、相手と言う程度の意味で、男女対等であった。気に入った相手との、プレゼントや和歌のやり取りがあり、今の時代も変わらないかもしれないが、二人が合意すると、直ちにカップルが誕生する。

妻屋という新婚用の小屋をいっしょに建てたり、小宴会を経て、近所への御披露目がなされた。「家」制度がないから、面倒なことなど考える必要もなく、奈良時代には、男の通いが普通で、朝帰る。その間、どうしても相性が合わなくなれば、三ヶ月行き来がない状態をもって、離婚とみなされた（『令集解』戸令結婚条）。

逢うも別れも、今よりシンプルで、このため、いつも、求愛しつづけなければ結婚は終わり、お互いシングルに戻っていく。子供は自然に母方で育ち、夫の両親との同居はなかった。相続とか年金に縛られ、愛のない結婚を続ける現代に比べ、制度が固まっていないために、女性達は途切れ目のはっきりしない結婚を生涯の間に何度もしたし、結婚以外の性関係も、たいして非難されてこなかったと思われる。

この背後には、女性がきちんと仕事を持てていたからという理由が存在する。古代から、村

＊1服藤早苗　一九四七〜　埼玉学園大学人間学部教授。代表作「平安朝の家と女性」

＊2義江明子　一九四八〜　東京大学教授。主な著書に『日本古代の祭祀と女性』

＊3関口裕子　一九三五〜二〇〇二　一九七三年東京大学大学院人文科学研究科博士課程修了。一九九四年文学博士。在野研究者。

＊4高群逸枝　一八九四〜一九六四　女性史家。

全体の作業や祭礼などでは、男女は共同でやり、祭礼時、儀式としての鍬下ろしや、収穫物の稲・酒の供えは女性の役割だった（『神宮儀式帖』）。

〈家・妻・母の誕生〉

酒の供えは女性の役割だったため、酒造りや造った酒の貸し付けなどに進出して富を蓄える女性が出て来た。こういった女性は、富豪の夫を持ち、対等に近い関係を維持できた。事業の発展のなかで、共同経営して夫婦の絆が強まってくると、妻は「家政万端に目を配り、育児にも責任を持たなければならない。多くの男性と愛し合うことは、即育児への放棄とみなされる」（義江明子著石田・藪田編『女性史を学ぶ人のために』）。

こうして、母の役割が成立し、夫への経済的な依存が生まれてきた。『霊異記』や『万葉集』の時代に、徐々に、妻や母が生まれて来たという。富豪の妻は、自分の資産と仕事を持ち込み発言権なども巨大だったことが推測される。

宮廷女房については、祭祀などでのウェイトはむしろ男性より高く、仕事上の分担もおこなわれていた。常に天皇の側に侍り天皇への奏上をとりついだり、天皇の宣を伝えたりする重要な役割があり、後宮十二司についた女性には、封戸・位置・資人を男性と同じように支給したり、尚侍《ないしのかみ》の禄は、従三位相当を支給するようになり、役職をもとに位階を女官として宮中に出仕する女性が出現した。相当の割合で女性公務員職が存在していたわけである。

服藤早苗氏は『平安朝の家と女性――北政所の成立』のなかで、律令における女性の公的家規定と機能を、関口裕子氏の業績をふまえて紹介している。

「律令」家令の一品条では、親王には、国家から家政機関職員として「文学」と「家令」以下の四等官の宮人が公的に支給されていた。「文学」以外は、男女の親王・内親王が対等に処遇されていた。「文学」とは家庭教師的な存在であり、通い婚の延長で男性が通ってきていた環境では、別な男性は都合が悪かったのかもしれない。

その他の地位、待遇においても全く男性と同じとは言えないが、女性に支給されていた事例を数多く挙げている。当時の女性職員の基本的名称は「宮人」であり、れっきとした女性公務員のコースが確保されていた。

ひきつづき、服藤氏等の研究の紹介になるが、このころ収入を記載した、「天平七年相模国封戸租交易帖」によると、名前の判明する七人のうち女性は、光明皇后食封百戸、従三位山形女王食封五〇戸、従四位下檜前女王食封四〇戸、と記載されており、位階の高低、叙位の順序の別はあっても、女性だから下位にとか、別記ということはなかったという（浅野充『相模国封戸交易帖の復元と検討』）。

家政機関においても、女官として朝廷に出仕し三位以上の位階や職を得ている妻が、夫とは別に公的家を設置し独自な家政機関を持っていた例として橘三千代の例を挙げている。かくのように女性の地位が高かった奈良時代。

これが八世紀後半に男性宮人が内裏に侍候するようになった結果、女官との呼び方がはじまり、しかも女官の独自性も後退し始めてしまう。女性公務員のリストラが始まってきた。ひきつづき戦《いくさ》が少なくなり男子が事務職の方まで進出するようになる平安時代にその傾向がますます顕著になる。

〈「家」制度の誕生〉

宮廷女房については、平安時代に入る頃から貴族社会で男女の社会的・経済的差が、はっきりしてきた。男性は、国家的地位や官職から財を蓄え、男子に伝える男系の家作りを着実に進めていくのにたいし、貴族女性は、徐々に後宮での地位すら縮小されていった。

こうなると、「貴族女性の生きる道は、力ある男性の妻となり母となって安定した地位を手に入れる」（服藤「前掲書」）しかない。同じく服藤によると、平安前期は、「律令や改正された法で公的家を設置できるのは、五位以上であった」この規定により、国家給付が家政機関の運用に支給されていたことが、資料の上で確かめられた、という。「家」も最初は、補助金付きで国から与えられたものだったことになる。

しかし、九世紀中頃の次の記事に、女官でもない女性が大臣の妻ゆえに叙位された初見史料を見ることができる。

発行は仁寿元年（八五一）一一月七日で、右大臣藤原朝臣良房を正二位に進め、その家夫人正四位下源朝臣潔姫（きよひめ）に従三位を加う（『日本文徳天皇実録』）。

源潔姫は、嵯峨天皇の皇女であるが、天皇は藤原良房の人物を見越して結婚させ、明子が生まれる。明子は後の文徳天皇の女御となり、清和天皇の母となる。

潔姫の肩書きには、右大臣の「家夫人」と明記されているという。それ以前の女官の叙位は、「妻」だけの名目のものは見当たらないらしい。

潔姫の場合、妻が叙位されたとき、夫たる良房が天皇や院に慶賀の拝礼を行った最初であり、以後継承されていることからも証明できる、としている。補助金で与えられた「家」に妻が納まり、叙位されたとなると、それが以後の貴族女性の目標になっていったと想像するのも難しくない。

一〇世紀後期に記された源高明編『西宮記』巻一「女叙位」には、叙位に預かる者、親王・女御・更衣・内侍・乳母・女蔵人・女史・采女・大臣妻・内教坊・所々の労ある者（略）とあり、大臣妻の叙位が定着していったという。それまでは直接謁見していた地位は、こんどは夫を通しての謁見となった。逆に「妻」の座が注目されだしたわけである。

女性が、朝廷と直接関連をもつことによらず、家族など他者を介して叙位されるようになると、女性は基本的に権力の表舞台から消えていった。

奈良から平安に移ったとき、なぜ、女帝が出現しなくなったのか、本章では、その背景を探索してきたが、やはり、「家」制度というものにぶつかった。「家」の成立、女官の没落、妻の座の叙位などの象徴的出来事があり、結果として女性を家に閉じ込めることになった。家というのは、女性にとって、安住の地？　牢獄？　何なのであろうか？

本書は、ヤマタノヲロチ神話が示すものは、男権の確立、女権の没落以外のなにものでもない、ということ。

さらに、その神話の影響力は、無視できないほど大きいということを証明しようとしているのであるが（一一四頁参照）、ここで、女性史のグループが明らかにしたことは、古墳時代、宮廷内での女性の役割は明確に存在し、これをベースに女官などの職業として存在していたものが、律令国家の整備が進むうちに、いつのまにか、家の中の妻という位置に追いやられてしまったという実態である。この時期が、神話完成のときと、大略、一致していることに注目されたい。

（古墳時代）
武力による覇権争い
内紛のため男帝が必須
神話と大型造営
大型古墳の建造
箸墓古墳
《女性史》
祭祀など女性の役割
高い
男が通う通い婚

（五九二 飛鳥時代・奈良時代）
古代女帝全盛（女帝率四〇パーセント）
古事記（七一二）日本書紀（七二〇）完成
大化改新・壬申の乱
宮廷内にも女性の役職あり
男女平等の職場
（移行期）

（七九四 平安時代）
実質の男子継承へ
天皇は幼帝
藤原氏が実権
女官・後宮からも
撤退
妻としての叙位の
初の例
「家の確立」
家父長制・女性は
家庭へ

四　古代女帝の実際

古代女帝、八代・六人、および、江戸時代二代・二人の女帝たち、とても〝中継ぎ〟などとはいえない、これら勇猛な女傑たちの記録の跡をたどって見たい。最初の女帝である推古天皇以前にも、天皇か否か不明の卑弥呼、女帝に匹敵するほど活躍した神功皇后、飯豊青皇女《いいどよあおのひめみこ》らがいる。

三人とも、鬼道に長け、シャーマンでもあったので最も興味深いのであるが、別の機会に巫女女帝としてまとめて見たい。今回は天皇に限定した。

（一）推古天皇

在位は三六年と長い。父は欽明天皇、母は蘇我稲目の娘・堅塩媛。コンビとして活躍した聖徳太子（太子は二〇歳年下）とともに、冠位一二階、憲法一七条を制定した。

推古天皇

（年譜）

五三八年　仏教伝来。
五五四年　推古天皇生まれる
五六二年　朝鮮半島の任那が新羅に滅ぼされる
五七一年　敏達天皇と結婚。のちに、二男五女を生む
五八七年　物部氏滅びる
五九二年　推古天皇即位
六〇〇年　任那へ派兵
六〇三年　冠位一二階を定める
六〇四年　憲法一七条制定される
六〇七年　小野妹子を隋に派遣
六二二年　聖徳太子死去
六二八年　推古天皇崩御（享年七五歳）

伝統的な日本の神々を支えて来た物部氏と、新しい文化を伴う仏教を取り入れようとする蘇我氏の対立の激化の中で、蘇我氏の家で育った炊屋《かしきや》姫《ひめ》（後の推古天皇）は、異母兄の敏達天皇

と結婚したが、敏達天皇の先の皇后は物部氏側から来た広姫であった。しかし，広姫は皇后になったその年に死んでしまう。今度は蘇我氏側の炊屋姫が皇后になった。

そこへ、天然痘である。敏達天皇、その子、用明天皇（二歳）と相次いで天然痘に倒れ、ちょうどそのころ、物部・蘇我の対立が頂点に達し、同じ年に物部氏が滅びてしまう。蘇我系であった崇峻天皇は、同系の実力者馬子の怒りを買い殺害されてしまう。

この段階で、蘇我家側に王位継承者が乏しくなり、敏達の皇后であった推古女帝が誕生した。推古女帝は、最初に皇后になった時から、五五年の長期にわたって、王権を支え、むしろ女帝となる前の活躍が目覚ましい。物部から蘇我に権力が移行したもろもろの事件にすべて立ち合い、その後の蘇我氏全盛時代の基礎を築いた当の本人である。

女帝となってからは、聖徳太子中心に善政を行ない、また、仏教の普及、社寺の建立につとめた。聖徳太子の勝鬘経《しょうまんきょう》（＝法雲という最高位の菩薩の教え）の講義を受けた際には、自身勝鬘夫人の分身となって大乗の仏道を広めたいとの決意を語ったとされる。中継ぎとしてスタートした政権を、本格的な政権に仕上げた。

(二) 皇極・斉明天皇

在位三年で大化の改新、孝徳天皇に譲位。一〇年後に孝徳死去し、斉明で重祚。
在位六年後、百済救済に向かった福岡で死去（六八歳）　天智天皇、天武天皇の母。

皇極天皇

（年譜）

五九四年　宝皇女《たからのひめみこ》（＝後の皇極天皇）生まれる
六二九年　舒明天皇即位
六三〇年　宝皇女、舒明天皇の皇后に
六四一年　舒明天皇崩ずる
六四二年　皇極天皇即位
六四五年　大化の改新（蘇我氏滅亡）
　　　　　皇極譲位し、孝徳即位
六五三年　遣唐使を遣わす
六五四年　孝徳、難波宮で死去
六五五年　皇極、斉明天皇として
六五六年　両槻宮、吉野宮を造り国民から労力の浪
　　　　　費との批判出る

六六〇年　唐、新羅軍、百済を滅ぼす
六六一年　斉明天皇、福岡で死去（享年六八歳）

舒明天皇の死後、後継として、舒明の長子（古人大兄皇子）と、舒明天皇と王位を争って敗れた聖徳太子の遺児、山背大兄王、舒明と皇極の子（中大兄皇子）の三人がいたが、いずれがなっても問題が起きそうな気配だったため、皇后だった皇極が暫定的に立てられた。

皇極天皇の下、三人の跡目争いはつづき、まず、山背大兄王が入鹿らに襲われ、聖徳太子の一族が滅ぼされる。つづいて、大化の改新で、中大兄皇子らが、蘇我入鹿らを殺害し、古人大兄皇子が失脚する。この時点で皇極は弟の孝徳に生前譲位（日本初）した。十年後孝徳天皇は難波宮で崩御。皇極は斉明天皇として重祚。

七年後、百済救援のため、福岡に後陣を張っている最中崩御した。

皇極・斉明女帝は、次々と宮を建造、「狂心の渠《たぶれこころのみぞ》」と非難されたが、蘇我氏を亡ぼし以降を天智、天武と安定した律令国家に導いた巨大な天皇として位置づけられよう。

皇極天皇が即位した年、大変な旱魃で、農民は困り果てていた。天皇は、飛鳥川上流に行き、ひざまづいて四方を拝んだところ、たちまちのうちに雷雨が轟き、大雨が五日も続いた。人々は新女帝の霊力に驚き敬った。

これをきっかけに女帝の霊力への期待がさまざまな宗教遺構を生み出していった。最近発掘された石造物である酒船石と長い水路も皇極天皇が命じた謎の建造物である。

(三)　持統天皇

天智の娘、天武の妻として律令国家時代の王道を歩む。在位は七年。

持統天皇

（年譜）
六四五年　大化の改新。持統生まれる
六五七年　持統、大海人皇子（後の天武天皇）の妃となる
六六二年　斉明天皇死去
六六八年　天智天皇即位
六七一年　天智天皇、死去。大友皇子が弘文天皇に
六七二年　壬申の乱
六七三年　天武即位。持統立后、このころ、天武「日

本書紀」の編纂を指示
六八六年　天武死去。大津皇子の変
六八九年　草壁皇子死去
六九〇年　持統天皇即位
六九七年　持統天皇譲位。文武天皇即位
七〇二年　持統、死去（享年五七歳）

天智天皇の娘として生まれ，天武天皇の皇后として三十数年生き、この間、壬申の乱を経て、在位は七年であるが、歴史を自分の思う方向に引き込んで来た女帝である。これまでの、三人の女帝ともどども、堂々たる女帝である。

古代最大の戦乱となった壬申の乱は、最初は、大海人皇子が吉野へ下り、出家するところから始まる。この決断にたいして、一〇人いた后紀《こうひ》のうち、後の持統天皇（鸕野讃良皇女《うののささらのひめみこ》）だけが夫と行動を共にした。一ヶ月半で天智が死に、出家したとはいえ、新朝廷から見れば最大の脅威、やがて追っ手が来る。急遽、東軍を編成し、ついには大津市で朝廷軍を破ってしまう。顧みれば、「一歩後退、二歩前進」のような戦術。総合的にみて捨て身の逆転、皇子一人の仕事ではないと思う。皇后の陰の働きなくして誰ができよう。

天武死去後、持統天皇実現にはさらに一つの政変を経なければならなかった。天武の後継争いは、わが子草壁皇子とされていたが、病弱のためか、天武天皇は、持統の姉の子大津皇子を後継に考えていたふしがある。が、天武死後一ヶ月後、大津皇子の謀反が発覚、翌日処刑されてしまう。草壁皇子の政権を安定させるために皇后が取った処置としか思えないが、当の草壁皇子は三年後に病死。結果として、持統が即位することになった。

持統天皇は、天武の長子の高市皇子を太政大臣に起用し、やがて藤原不比等をも起用、飛鳥浄御原令を施行し、安定した律令国家を作り上げた。その後、またしても高市皇子が死去。孫の軽皇子に引き継ぐべく皇族・重臣に皇位問題を諮った。このとき額田王の孫・葛野王が「わが国では、神代より皇位は子孫継承が慣習であり、兄弟への相続は乱のもとになる」と発言。このときの発言のもととなっているのは、天智天皇の定めたとされる「不改常典《あらたむまじきつねののり》」という嫡子継続法がきっかけとなっている。嫡子継続法はこのころよりスタートしたことになる。

持統天皇は、譲位のあと、太上天皇と称し、見方によっては天皇以上の地位に就いた女帝である。主な業績は、律六巻、令一一巻の『大宝律令』を完成させたことである。

持統天皇のエネルギーのもとになっているのは、若き頃、夫と共に決起した吉野への思いである。吉野へは繰り返し行幸し、在位七年称制四年の一一年間に、行幸三一回にも及んだ。大海人皇子が剃髪して吉野に入り一ヶ月余り後、天智天皇の死がなければ、大海人・持統は吉野に埋もれてしまっただろう。トップを極めたとしても、最も困難であったときの原点を忘れないことが、持統を大女帝たらしめた秘密かもしれない。

(四) 元明天皇

持統天皇の異母妹。孫七歳のため自ら中継ぎと明言。在位八年。

元明天皇

(年譜)

六六一年　阿閇皇女《あへのひめみこ》(後の元明天皇) 生まれる
七〇七年　文武天皇死去。元明天皇即位
七〇八年　和銅開珎
七一〇年　平城京へ遷都
七一二年　古事記撰上される
七一五年　元明譲位し太上天皇へ。元正天皇即位
七二〇年　日本書紀撰上される
七二一年　元明死去 (享年六一歳)

文武天皇が一五歳で即位したものの二五歳で他界。その子（後の聖武天皇）はまだ七歳。元明天皇は四七歳にして、即位した。その際に、天智天皇が定めたとされる嫡子相続の原則「不改常典」について詳しく触れ、本来引き継ぐべき流れを維持するための中継ぎであることを明言しつつ、即位した。

元明天皇は、他の時代と比べれば、安泰な時代を送ったといえるが、七〇八年和銅開珎、七一〇年平城遷都を行ない、また、『古事記』、『日本書紀』が相次いで撰上された。

元明天皇の〝母心〟的な諸施策は、随所にあらわれ、和銅開珎により日本も貨幣の流通する時代に入り、銅貨の価値を決めていく際、一枚当りの価値を米六升、五枚当りを布一条とした。

当時、機織《はたおり》は女性の仕事、布一条織るのに、五日かかっていたが、これが銅貨五枚であるから、女性が一日働くと銅貨一枚になる計算である。女性の労働を思いやった決定である。

また、平城造営で労役に耐えきれず逃亡する者が出るなど、一般人民の間に度重なる各種労役で疲労が溜まっている実状を憂い、遺言をしたため自分亡き後には丘を削るとか古墳の造営などはせぬように、また、火葬にして棺車の飾りなど不用、これ以上人民の労役を増すようなことのないようにとの思いやりを持ちつづけて、首皇子《おびのみこ》（＝後の聖武天皇）が一四歳で元服したのを機会に、娘の氷高皇女《ひだかのひめみこ》（＝元正天皇）に五五歳で譲位、太上天皇となって、六一歳で死去した。

(五) 元正天皇

元明在位中に譲位を受けた。在位は九年と短いが、その後、太上天皇として聖武天皇と共に国分寺の建立、墾田永年私財法の発布、盧舎那仏建立の詔の発布など実施した

(年譜)
六八〇年　氷高皇女(後の元正天皇)誕生
七一五年　元正天皇即位
七二〇年　藤原不比等死去
七二一年　元明天皇死去
七二四年　元正譲位し、太上天皇に。聖武天皇即位
七四三年　大仏鋳造の詔発布
七四八年　元正死去(享年六九歳)

元正天皇

聖武天皇に譲位後も、二四年間太上天皇として、聖武天皇を補完する形で実力を発揮した。元明・元正両女帝とも、中継ぎ天皇と言われるが、実力から云って、決して通常天皇に見劣りしない女帝である。

元正天皇は、一生独身を通した。この理由は諸説あるが、持統天皇が、長屋王をして将来継承候補に考え、元正の妹の吉備内親王を妻とさせたため、元正が夫を持つと、皇位継承に混乱が出るという読みがあったとの説が有力である。当の長屋王は藤原氏の陰謀とも言える攻撃を受けて、自害してしまう。皆が皆皇位継承を慮るあまり、不幸がつづき、不幸の後には、仏の道に深入りしていく。

しかし、世はひたひたと、藤原全盛の時代に向かって行き、元正天皇の思いも、素直には届かぬ事態となってしまった。藤原側にもいきなりの不幸が襲い、不比等の遺した四人の男子（藤四子）に、当時流行の疱瘡が襲いかかり、藤四子全員が奪い去られてしまう。世間からは、長屋王のたたりとも言われ，長屋王の弟、橘諸兄《もろえ》が大納言を経て、正二位右大臣に就いた。

長屋王の変のきっかけは、もともと聖武天皇にようやく男子が授かり（基公子《もといのみこ》）、誕生わずか三二日で皇太子に擁立され、スター誕生と思いきや、翌年一歳に満たずに病死してしまう。そこに、密告者が現れ、長屋王が基皇子を呪咀したと讒訴《ざんそ》した。

長屋王が写経に努めていたことが、悪意ある者によって逆用されたのだ。聖武天皇と藤原氏は、長屋王と皇后吉備内親王と四人の息子たちを死に追いやり、それにつづく、天然痘では今度は藤原氏側の四人が奪われてしまう。これまでの後継争いでは、ナンバー二が危ないとされたのに、これでは全滅に近い事態になってしまった。

その苦心の策と言うか、聖武天皇の皇后、光明皇后が生んだ阿部内親王を皇太子にして、史上唯一の女子の皇太子が誕生した（後の孝謙天皇）。こうして、聖武天皇の場合も、太上天皇が大きく政治に関与する時代がつづいた。

（六）孝謙・称徳天皇

阿部内親王は史上唯一の女性皇太子だったが、生涯独身を貫いたために聖武天皇系の男子は一人もいなくなってしまった。聖武系の王統はここで途絶えてしまう。さらにその周辺でも失脚・政変がつづき、ついには称徳（孝謙）天皇四六歳の遅咲きの恋の相手、道鏡の即位未遂事件にまで達する。

（年譜）

七一八年　阿部内親王誕生

孝謙天皇

七四九年　聖武譲位し、孝謙天皇即位
七五二年　東大寺大仏開眼供養
七五六年　聖武死去
七五八年　孝謙譲位し、淳仁天皇即位
　　　　　孝謙天皇は太上天皇に
七六〇年　光明皇后死去
七六一年　孝謙太上天皇、淳仁天皇を非難
　　　　　（国家の大事は自ら行なうと、宣言）
七六四年　淳仁を廃し、淡路へ配流
　　　　　孝謙、重祚して称徳天皇即位
七六五年　淳仁死去
七六六年　道鏡を法王とする
七六九年　「道鏡を天皇に」の神託を確認に遣わされた和気清麻呂、神託否定し、姉と共に配流へ

七七〇年　称徳死去（享年五三歳）。光仁天皇即位

光明皇后は太上にはならなかったが、実権を持って孝謙天皇を指導し、淳仁に譲位するまで孝謙天皇は母の言いなりに近い一代であった。光明皇后死後四年たって、淳仁天皇に近い恵見押勝が反乱したのを理由に、淳仁天皇を廃し、淡路島へ配流した。淳仁天皇は、翌年島を脱出しようとして捕えられ、翌日死亡した（太上天皇の命により殺害されたのであろう）。

ここで、孝謙は、重祚して、称徳天皇となる。母を失い、天皇を追放した女帝の心のスキ間を埋めてくれたのが、怪僧、道鏡である。道鏡は、サンスクリット語を使い、「宿曜法」（星占い）の名手。女帝が病気のときに知り合い、その秘法で病気が回復したのをきっかけに、天皇の寵愛を一心に受けることとなる。

道鏡は特異な肉体の持ち主だったとの噂が今でも俗説として広く流布している。人は宗教に熱心になったかと思うと、その一方で煩悩もまた頭をもたげてくるのは、逃げられない原罪であろうか？

七六四年、押勝の乱を平定した凱旋軍が都へ戻った日、道鏡は大臣禅師に指名され、以後、抜擢を繰り返し、二年後には法王となった。また、法王の弟も大納言になり、一門一〇人にも栄達が及んだ。

七六九年、大臣以下も法王を賀拝するに至り、称徳天皇はついに道鏡を天皇後継にとまで考えるようになる。そして、からくりまで用いるのである。

大宰府の神主より宇佐八幡の御神託と偽って「道鏡を天皇にすれば天下は太平になる」との言葉を引き出したのだ。さらに偽りの・神託・を既定事実化するために、彼女は当時貴族たちの心が完全に道境から離れていることも気づかず、この神託の真偽の確認させるべく和気清麻呂を宇佐に遣わし、彼女の意向に添った証言を得ようとした。

しかし和気清麻呂は「皇位には必ず皇統の者をたて、無道の人はすみやかに掃ひ除くべし」こそ、宇佐の神の神託であると帰任し天皇に奏上したのである。

和気清麻呂

これを聞いた天皇は激怒し、清麻呂を別部穢麻呂《わけべのきたなまろ》と名を変えさせて大隈国に流刑。最初に勅使に選ばれた側近の女官・法均尼（和気広虫、清麻呂の姉）も別部狭虫《わけべのせまむし》と変えさせて備後国へ流罪とした。

しかし、称徳天皇もこの後は道鏡を天皇にしたいとは言わなくなり、七七〇年、病に勝てず死去。道鏡は下野の薬師寺に左遷され、二年後死亡した。

気がついてみると、天武天皇系の皇位継承候補者の主なものはすべていなくなり、残るものも何らかの事件で傷ついていた。後継に立てられたのは、天智天皇の孫の白壁王であった。天武時代は終わり、人々も王朝交代との感じを持つようになった。

白壁王は即位して光仁天皇となり、つづいて即位した桓武天皇は平安遷都を断行。と同時に飛鳥、奈良とつづいた女帝時代末路のあまりの猥雑な事件と、それらが脚色され誇張され語り草となったため、別な意味で大衆的な興味を呼んだものの、古代女帝時代はついに幕が下ろされた。

(七) 明正天皇

四八代称徳天皇から八五九年ぶり、時代は下って、徳川の地固めの時代。明正天皇の父、後水尾天皇と幕府との対立のなかで、数え歳七歳の第一〇九代明正天皇が即位した。

(年譜)
一六〇三年　徳川家康、江戸に幕府を開く
一六二三年　興子内親王誕生

明正天皇

一六二九年　明正天皇即位
一六三〇年　島原の乱
一六三九年　幕府、鎖国令を施く
一六四三年　明正天皇、譲位し太上天皇に。後光明天皇即位
一六八〇年　後水尾天皇死去
一六九六年　明正太上天皇死去

幕府によって朝廷側の行動はかなりの制約を受けていたため、父後水尾天皇は、朝廷側で取り得る数少ない権限である譲位を断行し女帝が誕生した。

幕府側は朝廷の突然の決定にあわてたが、新天皇が二代目将軍秀忠の孫であり、母方の曽祖母は織田信長の妹のお市の方であること、兄二人が早世するという悲劇があったことから、まあ妥当な人選と認めざるを得なかった。

明正の名は、古代の中継ぎ天皇といわれた天明と天正とから一字づつ取って決められた。明正の在位は一四年、二一歳になったとき弟の紹仁親王（一〇歳）に譲位した。天皇としての差配は、結局、父の後水尾天皇がやったことになる。

(八) 後桜町天皇

明治天皇の五代前。第一一七代。在位八年

後桜町天皇

(年譜)

一七四〇年　智子内親王誕生
一七四一年　遐仁親王(後の桃園天皇)誕生
一七四七年　桃園天皇即位
一七六二年　桃園天皇死去
一七六三年　後桜町天皇即位
一七七〇年　後桜町天皇譲位。太上天皇へ、後桃園天皇即位
一八一三年　後桜町太上天皇死去(享年七四歳)

江戸中期後半、桜町天皇が二八歳で亡くなり、桃園天皇も二二歳で亡くなるという不幸がつづいた。桃園天皇の皇嗣の英仁親王はいまだ五歳だったため、二四歳の後桜町女帝が誕生した。

後桜町天皇は、在位八年ののち、三二歳で退位し、一三歳になった英仁親王に譲位した。

明正天皇も後桜町天皇も、中継ぎとはいえ、生涯独身を通し、どちらも七四歳の長寿を全うした。とくに、現状で史上最後の女帝である後桜町天皇は、和歌にたいする造詣が深く、歌や日記を通して民を思う気持ちを遺している。歌集『後桜町天皇御製』歌学書『古今伝授の御記』また、有職故実書『禁中年中之事』などを著しており、生涯気高い心情を持ちつづけたことが伺われる。


これまで、女帝八人・十代を概観してきたが、「事務処理能力に欠ける」などということは全くない。いずれの女帝も、深謀遠慮にたけ、ときには大胆にして細心。所をわきまえた行動の結果、いつのまにか、自分やその系統が中心に来ている。

男帝の方は依然として武力が有効な場合もあるため、日頃の修練も欠かせず、むしろシンプルに動くのが精一杯という感じ。自衛のための刀は、やがて相手を傷つけ、返す刀で自分も傷つく。短命である。女帝の方が長生き。

女帝の側にあえてクレームを付けるとすれば、鬼道に惑わされすぎないようにというぐらいである。ほとんどが天皇の上の位、太上天皇となってさらに活躍しているし、天皇になる前の娘時代、あるいは皇后時代も歴史の真っ只中を泳ぎ切っている。

古代にしてすばらしい人格である。当時の天皇には、政権を左右する実権があるため、かなりの困難も必ず突破しなければならないのに、各女帝とも病気や不可抗力は別にして、人間技としては最高の選択をしつつ進んで来たというのが、私の所感である。

第三章　明治憲法の〝亡霊〟……皇室典範

皇位継承問題は、現憲法下でも、第二条に示された重要問題であり、文面は「皇位は、世襲のものであって、国会の議決した皇室典範の定めるところにより、これを継承する」とある。明治憲法においても、第二条に「皇位ハ皇室典範ノ定ムル所ニ依リ皇男子孫之ヲ継承ス」とある。

また、補則第七四条の①に、「皇室典範ノ改正ハ帝国議会ノ議ヲ経ルヲ要セズ」とあり、議会からは独立の位置にいた。

新憲法への改正点は、明治憲法での「男子孫之ヲ」がとれて、現憲法では「世襲のものであって」「国会の議決した」が加わっている。皇室典範の議決や改正については、明治憲法では「帝国議会ノ議ヲ経ルヲ要セズ」であるが、新憲法では「国会の議決した」となっており、国会側が上位にあることが明記されている。法律で改正できるようになったわけである。

旧憲法での「議ヲ経ルヲ要セズ」という意味は、皇室典範が国民および議会の関与を排し、皇室の自律によって定立され、憲法と対等の地位を占めていた（清宮四郎［憲法Ⅰ］）わけであり、憲法と並ぶ最高の国法形式とされていたということである。これにたいし、新憲法では「国会の議決する法律」であるところに両者の基本的相違があることになる。

まとめてみると、新憲法では「皇男子孫」がとれて、皇室典範が議会にたいして従の立場になったというところが重要である。したがって、国会の責務としては、この考え方に沿って皇室典範を見なおし、立案して審議していくことが、現憲法の精神を敷衍化するうえでいちばん素直な対応ではないか、と思われるが、戦後およそ六〇年、これを怠ってきたのではないか。いや、そういう状況が現われなかったので、そのままにしてきたというのが実態かもしれない。いまこの事態に当って大いなる議論が起こることが期待される。

それでは、皇室典範そのものの内容と、どのポイントが改正案になり得るのかを検討してみよう。旧皇室典範は、大日本帝国憲法とともに、明治二二年（一八八九年）二月一一日発布され、新皇室典範は、新憲法とともに昭和二二年（一九四七年）一月一六日発布された。しかし、その内容は、文語体が口語体に近い表現に直されたほか、主要なところはほとんど変っていない。細かく見ていくと、旧皇室典範第一四条で、外の皇族は満二〇年をもって成年とする、が新典範ではなくなっている。

また、天皇が未だ成年に達せざるときは「太傅を置き保育を掌らしむ」（第二六条）以下の「太傅」が、新典範ではない。また、皇室会議の議長は旧典範では天皇又は皇族中の一員となっているが、新典範では内閣総理大臣となるなど若干の変更はある。

しかしながら、新典範においても、第一条は「皇位は皇統に属する男系の男子が、これを継承する」とあり、旧典範の第一条「第日本國皇位ハ祖宗ノ皇統ニシテ男系ノ男子之ヲ継承ス」と、内容が変わっていない。

清宮ら憲法学者の解説によると、新皇室典範の制定に当って、皇位継承の資格を皇族たる女子にも与えるべきであるという主張もあったという。

その理由として、

一　男系男子主義を固守すると、継承資格者が絶えてしまうおそれがある。これを回避するために、多数の資格者を維持する必要がある。

二　わが国の歴史において、十代・八人の女帝が存在する。外国にもイギリス、オランダなどに女帝の例がある。

三　男女平等の大原則を皇室にも当てはめるべきである。

四　摂政について女子の就任を認めている（典範一七条）[*1]うえ、象徴としての天皇の行為は、女帝が行なってもさしつかえないものばかりである。

これにたいし、女帝反対論の理由として、

一　皇位継承者が絶えるという事態は差し当たり予想されないこと。

二　わが国の歴史上、女帝の先例は多くが特別の事情に対処するための臨時的例外的な変則として、一代に限ってみとめられたにすぎない。先例はかならずしもよき先例ではなかったこと。

三　憲法第一四条の規定は、国民一般についての原則で、憲法の内で天皇・皇族という特殊な身分を認めていること自体「法の下の平等」の例外を認めているのであるから、皇位の継承について、第一四条の原則を機械的に適用する必要はない。

四　一代限りの女帝を認めると系列が乱れ複雑な事態が生じ、皇位がかえって不安定になるおそれがある。同時に女帝の配偶者について、選考取扱いが複雑で困難である。

五　象徴としての天皇の行為についてみても、当時においては女子の公事担当能力は男子よりも劣るとみなされた。

などの理由で、女帝制度は採用されないこととなった、とのことである（出典：清宮四郎[*2]『憲法Ｉ』）。

要は、新憲法の精神を、皇室典範の全体に行き渡らせるべきか否かという議論があったわけであるが、当時の状況と現在の日本の実情を比較してみて、この反対理由はどう変化してきているであろうか。

一の、差し当たりにたいして、当時は現今上天皇が皇太子として一四歳であり、継承の議論すら不要だった状況があった。これにたいし、いまはやや緊急を要する事態が到来している。

二の中継ぎ論については、前章でも述べたように飛鳥・奈良時代には、ほぼ一代おきに女帝が存在していた。また、男子天皇の場合も含め幼帝の問題やさまざまな例が存在し、なにも女帝の場合だけが好ましくない先例であったということはなかった。

＊1皇室典範第十七条〔就任の順序〕摂政は、左の順序により、青年に達した皇族が、これに就任する。
一　皇太子又は皇太孫／二　親王及び王／三　皇后／四　皇太后／太皇太后／六　内親王及女王

＊2清宮四郎　一八九九～一九八九。東北大学教授。憲法調査会の委員等を務めた。

三の「法の下の平等」の問題であるが、当時は依然として明治憲法の下にあったわけで、国民生活の中でも、男尊女卑が普通であり皇室の場合の例外措置は、あまり不自然には見えなかった。

現在の日本は国民の間に男女平等の制度が普及し、家庭内においても平安時代以降の父権優先の時代にたいし、現代、形の上では男女平等の慣習が定着してきている。したがって、皇室のなかだけに男権が残っているのは不自然である。

とくに、現天皇も皇太子も民間からの妃を迎えておられるような場合、さまざまな問題が生じるおそれがある。民間での常識と皇室での法に支えられた慣習とのギャップでお悩みになるのはこのためである。

四の一代限りの女帝では系列が乱れる、との理由であるが、それでは一代限りにせずに皇長子としていけばよいのではないか。また、配偶者について、もっと開かれた皇室にして女帝であっても、恋愛・結婚・離婚・再婚あるいは、選択としてのシングル、などが自由に行なえる環境作りが必要である。

五の公事担当能力の件であるが、当時に比べて女性の社会進出は格段に進み、公事担当能力は相当程度向上してきている、というか、今回、過去の女帝の経緯を見てきたが、男子以上の手腕すら感じさせるものがあり、本来の力量が発揮されてきた、という方が正確かもしれない。

以上のように、当時の反対理由が、ほとんど消失しているということを理解すべきである。したがって、皇位継承の資格を男子に限っていることは、法律たる皇室典範の定めるところであるから、この際、皇室典範の改正によって、皇位継承の資格を女子にも認めることをためらう理由はなにもない。

では、この先、どんな議論が予想されるであろうか。これまで、男性天皇ばかりつづいてきているので、埋め合わせに、いっそ、天皇は女性がやる、という意見も出てこよう。

素直に、皇長子を継承者とする、として、皇長子が男子ならば男性天皇、女子ならば女性天皇というのも、自然でフェアーな感じがする。暫定的に、一代限り女子という案も浮上しそうである。

私自身の意見としては、少子化、自殺、戦争など生命原理が否定されつつある現代、これを女性の感覚で舵取りすることによって、問題が沈静化するまで女帝をつづけ、その後は男女交互に、ぐらいの方がよいのではないか、と考えている。

継承の順序

しかし、継承の順序はきちんと決めておかなければ紛争の原因となるので、現在の男系・長系・長子主義の男系を外すとしても、長系、長子主義は残しておかないと訳がわからなくなる。その場合、第二条の文面は変更しなくても、自然に女性が入ってくることになる。

付随する問題として、典範第一二条*の問題がある。

現在、皇族女子は、天皇および皇族以外のものと婚姻したときは、皇族の身分を離れる、としているが、法制化が実現したとした場合は、今度は待機していなければならないので、この項は削除してはどうか。ただそうなると、皇族がむやみに増えていって果ては財政を圧迫することも考えられる。そこで、皇室会議を開き、宮家は三家族までとする、などの対策をこうじておく必要があるだろう。

皇位継承の理由

また、この機会に見なおすべきものがあるとすれば、それは皇位継承の原因についてである。現在、第四条に「天皇が崩じたときは、皇嗣が直ちに即位する」とあるだけで皇位継承の原因を天皇の崩御に限っているものと解釈される。

どのような理由かは予測もつかないが、天皇のご意志で生前に退位をお望みになっても現行ではそれができない。今の制度は人間天皇の自由意志を無視していることにならないか。退位を認める方向での議論が巻き起こることを期待したい。

＊皇室典範第十二条　［皇族女子の婚姻による離脱］皇族女子は、天皇及び皇族以外の者と婚姻したときは、皇族の身分を離れる。

第二部　女権から男権への歴史的考察

第一章　ヘシオドス・「蛇忌み」・鉄

一　立ち去った女神たち

「現代とは何か?」このとりとめもない、かといって難問に漠然と答えようとすれば、際限なく漠然とした解答を用意しなければならない。この間に、一つの明快な答えをもって迫ってくるのが、何と紀元前七〇〇年のギリシャの叙事詩人ヘシオドス*の『仕事と日々』のなかの一節である。

五番目の人びとの間には。その前に死んでいたか、後で生まれていればよかったものを。

*ヘシオドス　前八世紀末ごろ。叙事詩人。代表作「仕事と日々」「神統記」

いまは鉄の族の時代だからだ。［鉄の族たちは］けっして昼も労苦と悩みの止むことなく、夜もまた人びとは［難儀に］身を瘦せ細らせてとどまることを知らないであろう。厄介な苦労を神々は与えるだろう。

だがそれでもなおこの者たちにも、善いことどもが禍悪《カカ》に交ってあるだろう。

（以上一七五～一七九）

父は子らと、子らは父とすこしも似ず、
客は主人《あるじ》と、友は友と、
兄弟は親しめなくなるだろう、昔のようには。
人びとは束の間に老いていく両親を蔑しろにして、彼らを
酷い言葉を浴びせてなじるであろう、
極道どもは、神々の復讐に気づかぬやからは。
また老いた両親にもこの者どもは養育《そだて》の料《しろ》を返そうとはしないだろう
腕力を正義とする者どもは。一方は他方の都市《まち》に略奪をくわえるだろう。
誓いを守る者、正しい人、
善い者への敬愛の念は失われ、悪事を働く者、傲慢なやからを

人びとは褒めそやすであろう。正義は腕力のなかに生じ、恥心《アイドース》は失われるであろう。悪人がより善い人を
邪まな言葉を浴びせて押しのけ、誓さえ立てるだろう。
妬み《ゼーロス》はみじめな人間どもすべてに
付きまとってはなれないだろう、喧しい声あげ、邪まな業を喜こび、
憎々しい目つきをしながら。

（以上一八三～一九六）

恥心《アイドース》と憤り《ネメシス》は。悲惨な苦悩の数々は
死すべき身の人間どもに残され、禍いを避ける術もなくなるであろう。

（以上二〇〇～二〇一）

長々と引用させていただき恐縮であるが、この一節には、歴史と人間の情念についての原理的な解答が含まれていると思えるし、良識ある青年が「人生とは何か」について深く追跡しても容易に得られなかった一つの結論が、ここに提示されているとも思えたからである。
ヘシオドスは、人間の歴史を五つの時代に分けて、鉄の時代をその最後に設定した。この五

時代とは、黄金の時代、白銀の時代、青銅の時代、英雄の時代、そして、現代へも直接連結される時代としての、鉄の時代である。

鉄の時代の断章を読んで驚かされることは、ヘシオドスの生きた時代が五番目の鉄の時代であるにもかかわらず、二七〇〇年の後の現代にそれを読んでみても「基本的にまったくその通りである」し、ヘシオドスの言うことは、「むしろ、現代人には気がつきにくいが、しかし重要な現代というものの本質を述べている」という点である。「過去との対比のなかで、時代毎に落ち込んできた人間の存在価値のようなものが露呈され」五番目の鉄の時代に到ると、まさに「夢も希望もなかりけり」といった感を呈する。

最初の黄金の時代とは「豊穣な稔り」と「家畜に富む」条件下で、「憂いを知らぬ心をいだいて」暮らし、「労苦の悩みもなく」「悲惨な老年の訪れることもなく」「祭宴を楽しみ、ありとあらゆる禍いに縁がなかった」（以上一一二〜一二四）、時代である。

二番目の白銀の時代人は、黄金の時代人より「はるかに劣った族」で、「百年の間も子供のまま育った」ため成年に達したとき「暗愚のゆえに難儀な目に遇って」「わずかの間しか生きていなかった」、しかし「ともかく彼らにも敬いは伴っていた」（以上一二七〜一四二）。

三番目の青銅の族は「穀物を摂らず、銅鉄の頑な胆をもち」、「怖ろしく、力も強い族」で、「軍神の…業」と「傲慢を得意とした者」で、「青銅づくりの道具で仕事をした」。だが、この族も

「たがいの手にかかって身を滅ぼし、降っていった」（以上一四四～一五六）。

つぎにまた、英雄たちの族の時代がきた。この者たちは「半神と呼び名され」「いっそう正しく一段と秀れた族」であったが、この者たちも「忌わしい戦争と怖るべき雄叫び」からは離れられなかった（以上一五七～一七三）。

そして、ヘシオドスが、「その前に死んでいたか、後で生まれていればよかった」とする鉄の時代がやってくる。

この鉄の時代の描写は、不眠・不信・親不幸・力こそ正義・悪への賞賛・恥を忘れ・善人を押しのけ・みじめな人は妬みをもち・禍いを避ける術もないまま死を迎える――、ということになる。いやまさに現代用語辞典そのものではないだろうか。

現代人といえども、それは善良とか正義への期待というものを心の片すみに持っている。しかし、現代という時代とは何か、となるとヘシオドスが語るごとく「悪人がより善い人を邪まな言葉をあびせて押しのけ」押しのけられた「みじめな人間どもすべてに」、「妬み」が「付きまとってはなれないだろう」。

つまり、鉄時代人とは、わずかな善人の他、悪人と妬みをもつ人がすべてであるということになる。

ヘシオドスの「鉄の時代」とは、まさに現代ではないか、現代の深層ではないか、という気がしてならない。「鉄の時代」には、「正義は腕力のなかに生じ」というように、現代もまさにそんな様相を呈していると言っていいのではないだろうか。

ヘシオドスが五つの時代を、第四番目の英雄の時代をはさんで、残りの時代名を全部、金属名で呼んだことは、人間が文明に達する過程が金属の開発と軌を一つにしていることを暗示している。

金・白銀・青銅・鉄の序列は、これを鉱石から得ようとすると、金属の状態で天然にも産する金（自然金）からスタートしている。金は製錬して得る場合でもその温度が低い。以下、入手の難易度で易しいものから順に並んでいることがわかる。

鉄は最も製錬温度が高く、一〇〇〇℃～一五〇〇℃の温度を安定して長時間確保できる技術が必要である。銅の還元製錬温度は、鉄よりも二〇〇～三〇〇℃低く、青銅はさらに低い。金属を利用するには、加工しなければならないが、自然金は、金塊を拾ってきて打ち伸ばすだけでも装飾用として利用できる。硬度の点でも、銀・銅・鉄の順に固くなり、加工が困難となっていくが、使用した場合の耐久性は逆に増していく。

このようにヘシオドスの五つの時代名につけられた四つの金属は、人間が自然から入手し易い順（稀少性から言えば、金・銀は入手しにくいが、技術の面からは入手し易い）となっていることに注目したい。

さらに、金属の性質から言えば、金・白銀・銅・鉄という順に、剛性・抗張力・硬度などの強度が増してくる。つまり、武器や農機具・車輪として使用に耐える鉄は、他の金属以上に生活の中の重要な資材として人間生活の中核に入り込んできたわけである。

この鉄のおかげで、人類は、はかり知れない飛躍をとげたのにもかかわらず、ヘシオドスは鉄の時代を正義と労働の立場から激しくペシミスティックに告発するのである。しかも、その鉄の時代とは、今から二七〇〇年前の命名にもかかわらず、私達の生きる現代そのものであるといってもよいほどの迫真力をもって迫ってくる、まさに時代の本質を衝いている、と私には思えた。

二　鉄と文明の関係

鉄の時代へ入ってから現代までは、これは文明の歴史であり、文字や記録の時代である。文明以降の歴史について、今回は多くを語るつもりはないが、金属器が文明にたいして果した役割に関して的確にまとめている、竹内芳郎著*『国家と文明』（岩波書店）について、簡単に紹介させていただく。

同書によると、……「古代専制国家群」の成立は「周知のように青銅器や鉄器など金属器の発明・使用の開始とほぼ見合っている」（一二九頁）。例えば、中国においては、青銅器にかわった「鉄器による大規模な黄河灌漑工事がおこなわれるようになり、それが秦による真に中央集権的な皇帝支配、つまり、全般的隷従制第二段階の開始の経済的基礎となったことに疑いはあるまい」（一二六頁）としている。

竹内氏の図式は、まず、古代の部族共同体に何らかの形で金属器が導入される。これが農具や武器として威力を発揮すると、こんどは、大規模な共同事業が発案され、ピラミッドとか古墳の築造が行なわれる。

これらの大事業が遂行されると、築造にたずさわる人々やその人々の糧食を提供する農民や、それを確保する軍民たちの間に、多大の不満が発生し始める。この不満に対処するために・知識人・が歴史上はじめて登場し、神話が編纂されることになる。日本においても、『古事記』『日本書紀』の成立により、国家思想が国民の間に定着し、民衆の平定が行なわれることにより、古代専制国家が完成していくというように、古代の偉大な建造物と国家の成立と神話の編纂との間には強い対応関係があるとする明解な指摘である。

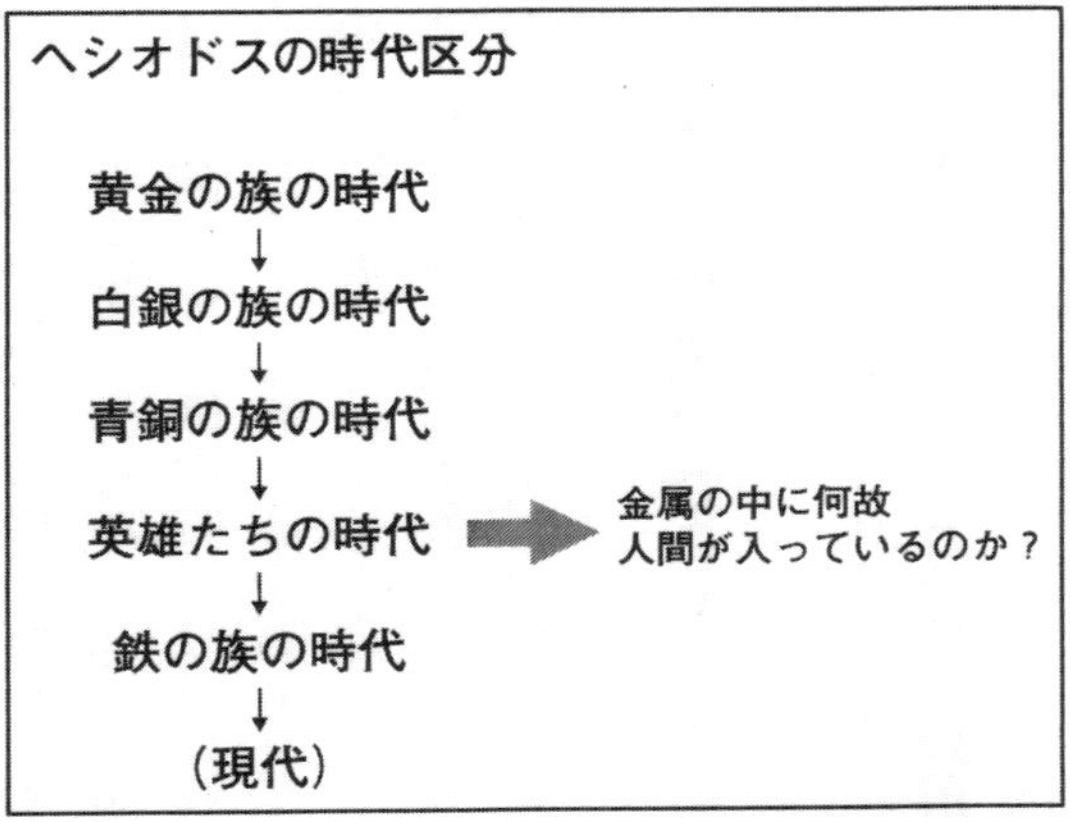

文明草創以後の時代の基本的構造や根源的問題を、これ以上に深く探るためには、文明以前、鉄の時代以前に視点を移していくことが必要であろう。

ヘシオドスは鉄の時代の前に英雄の時代を設定している。四つの金属名の時代の間に、英雄の時代を設置したことのなかに、何か一つの鍵がありはしまいか。この問に取り組むまえに、日本の原始時代の精神構造の解明に一スジの光を投げかけたとも思われる、吉野裕子＊著『蛇』について検討してみよう。

三　日本古来からあった蛇信仰

「ものと人間の文化史」シリーズ三二の『蛇』は、同シリーズのなかでも異色の問題の書である。吉野氏

＊竹内芳郎　一九二四〜二〇一六　一九五二年東京大学文学部卒業。哲学者。討論塾主宰。

の呪術的なまでに高い感性によって、日本の原始信仰のベールがはがされてゆく。そのなかで、「日本人」と蛇とが、まったく特異な関係にあることが露呈されてゆく。

例えば、日本の神事において、しめ縄とか、横綱が普遍的に用いられているが、この「縄」は蛇の交尾の様を模したものであるという。

あたかも、より縄のように、長時間にわたって行なわれる蛇の交尾のなかに、漠大なエネルギーを予感し、神事の対象としたものという。

また、「鏡餅」とは、トグロを巻く蛇の造型である、ともいう。語源学上からは、蛇の古語「カカ」「ハハ」「ヌカ」を語源として、カカシ（案山子）、カガチ（大蛇）、カガシ（蛇）、カガミ（これよりカガミモチへ転ずる）、カガヤマ、カガヒ（歌垣）、ホホヅキ（酸漿）、ハハキ（箒）、ハフ（這ふ）等の多数の言葉が派生し、カカシ（案山子）やホホキ（箒）が音韻から言っても、形態から（一本足）言っても、蛇（カカ・ハハ）を語源としていると論証したところなどは、発見以上の強い説得力をもっている。特に、私達の身の回りに昔からある品物の名前のなかに「蛇」の名が隠されていることは、大きな驚きである。

このような研究は、言葉の発生という点からも、極めて重要な指摘ではないだろうか。人間と蛇との出会いは、草むらや水辺において突然出会うものであり、人間が人間となる以前からの出会いである。人間が持つ言葉数が最も少ない時期においても、蛇との出会いのときに発する音声は、区別していたかも知れない。

原始時代人は「カカ」とか「ハハ」等の音で蛇を呼んでいたかも知れない。ここには言葉の発生の原初的なものを見ることができる。時代が経過し、言葉数が増すにつれて、おのづと、多くのものを識別して呼称をつける必要が生じたにちがいない。そのとき、蛇のもつ特徴や形態をそなえたものにたいし、カカシとかハハキなどのように、語尾変化や接尾語を付けた名称を利用することは当然である。

このような方法で、古語を一つ一つ解明していくことは、言葉の発達過程が解明される可能性を持つ、という意味で極めて重要である。

それは、ある種の動物は、鳴き声を使い分けているが、人間もそのような段階をベースとして、さらに詳しく多くのものを識別するために言葉を発達させた、ということであり、言葉というものの本質が、動物的音声と不連続でないことの証拠となるからである（言葉はけっして魔術ではなく、言葉を操る人間が、万物の霊長だとして、他の動物にたいする絶対的優越感をもとうとすることは、やや自重すべきである）。

＊吉野裕子　一九一六〜二〇〇八　津田塾大学卒。元学習院女子短期大学非常勤講師。代表作『蛇』。

吉野氏の『蛇』は、これら多くの事例を明らかにしながら、日本の古代信仰が多分に蛇の生態にまつわるものであったことを究明したものである。しかしながら、吉野氏の書の提起している問題点は、次の点にこそ、その重大な点があると言えないだろうか。

「台湾の高砂族は現代に至るまで、蛇そのものを露わに木に彫刻し、衣服に刺繍してその信仰をかくそうともしない」のに、日本においては「蛇に関わる一切を表面から払拭しようとして、潤色・すりかえが神話成文期時期に盛行した」(二二九頁)という、つまり蛇への畏怖・信仰が神話成文期を境いに、蛇への無視と嫌悪感へと一八〇度の転換をした、と指摘しているのである。

信仰の対象が、嫌悪の対象へと転落するということは、背後によほどの政治的・社会的な転換が存在したということを想像させる。

「蛇信仰」から「蛇忌み」へ、この転換とは一体何であったのか。確かに(今の時代では)蛇ぎらいの人は多い。また、何気なく、蛇を把んでも平気な人がいることも確かである。しかし、吉野氏の「蛇に関わる一切を表面から払拭しようとして、潤色、すりかえが神話成文期の時期に盛行した」という意味を、もう少し追究してみよう。

四　世界各地にも点在する蛇信仰

『古事記』のヤマタノヲロチ神話は、ほとんどの日本人が子供のころより聞き慣れ親しんだ神話の一つであり、同じパターンの民話伝承は、主人公を入れ替えて、怪物退治の武雄伝として日本各地にも多数伝えられている。

このヤマタノヲロチ神話については、古来より多くの解釈が加えられているが、この神話こそが、「蛇信仰」から「蛇忌み」への転換の神話といえないだろうか。ヤマタノヲロチ神話の前半部での「ある村より毎年一人づつの娘をヲロチへの犠牲としていた」というところは、日本における原始宗教「蛇信仰」の一典型を描写したものと考えられる。

吉野著『蛇』においても、「日本民族は縄文の昔から蛇を信仰してきたが、……蛇を頭に捲く縄文の巫女土偶……は、疑いもなく蛇を祀ることをその仕事とした女性巫像として捉えられる。……祭祀権は女性の手にあり、蛇を祀るのも女性だったと推測される」（一六五頁）と述べ、蛇信仰を支えるものとして、巫女が中心的役割を果たしていたことをあきらかにしている。とすると、毎年一人づつヲロチへの犠牲となった処女たちというのは、この巫女として祭祀を行っていたのではないだろうか。

このような、蛇と女性の支える信仰圏に、スサノオノミコトという英雄が武器をもって登場し、ヲロチを退治した。そして、娘、クシナダヒメを自分の妻とした。巫女となるべき女性を家庭に閉じ込めることは、つまり、巫女制度が失なわれ、蛇と女性の信仰圏が根底から打ち砕かれてしまう結果となったと解釈できる。

このヤマタノヲロチ神話と同型の話は、日本各地や中国にも、中近東やヨーロッパにも広く分布するが（アラビアンナイトやギリシャ神話にも）、蛇信仰から蛇忌みへの転換にいずれもこれらの英雄たちが登場し、主要な役割を演じている。

ギリシャ神話においては、ヘラクレス等の英雄たちが、水ヘビの女神やアマゾネスらと闘っている。これらの英雄たちこそ、ヘシオドスの設定した「英雄の時代」の主人公であり、この時代こそ、蛇忌みへのそして女神らの転落した時代だったと考えられないであろうか。

ヘシオドスが四つの金属名の時代の間に、わざわざ「英雄の時代」を設定したことのなかにこそ、世界史上から、蛇と女性が転落していった意味が包括されているのではないだろうか。そして、スサノオがヲロチの尾の中から発見した鉄剣こそ、英雄時代につぐ「鉄の時代」への伏線であったのではないだろうか。

考古学の側から、古代信仰としての蛇を探してみると、「縄文」という文字、「頭上に蛇をのせた土偶」さらに、その他の縄文土器の模様のなかに、蛇の形象を認めることができる。一方、弥生式土器においては、このような模様がパッタリと消えていることから、日本における蛇信仰は、縄文時代に最盛期を迎えたのではないか、と推測される。

数多くの発掘品や地質学的データーを織り合わせて、縄文時代を再現させよう、縄文時代人の生活を再構築してみよう、とする試みが盛んに行われているが、縄文時代人の精神生活とか信仰祭祀などに、蛇信仰が深く関わっていることを追加してみてはどうであろうか。

眼を世界に転じてみれば、古代人の蛇信仰の跡は歴然としている。ギリシャの壺絵等、夥しい数の発掘品がそれを物語っている。巫女・女神等がこれに必ずといってよいほど伴っているのだが、古代人の蛇信仰については、佐喜真興英『女人政治考』、矢島文夫*『ヴィーナスの神話』その他多数の研究資料が豊富であり、一方、このような古代信仰がなぜ・どんな形で失なわれてしまったのかについては、何の研究も報告もないし、また歴史上の大きな謎でもあるわけである。

古代人の情念や信仰を支配し燃焼した蛇への志向は、いったいいつのころから、いかに衰退

＊矢島文夫　一九二八〜二〇〇六　旧制東京外語フランス科・学習院大学文政学部哲学科卒業。専門は言語学・オリエント文化史。代表作『ヴィーナスの誕生』

し、あるいは否定されてしまったのであろうか。

五　蛇信仰と「蛇忌み」

文明史の叙述方法の一つとして、〝英雄列伝〟というかたちが選ばれ、文明や歴史が、これら英雄たちによって築かれたのだ、とする例がしばしば見られる。

しかし、前述のごとく、英雄たちの登場は、女神や竜蛇信仰の退場と入れ替わりとなっており、文明の誕生と「蛇忌み」とが歴史のうえで同時発生になっているわけである。

したがって、英雄崇拝のみを中心とした史観は、総体的な歴史叙述とはいえない。いずれにせよ、今の段階では、私は最もシリアスと思われる問題のいくつかを、劇画的に、またはポエティカルに指摘することしかできないが、しかし、この謎解きが成功すれば長い間、知識人がかかえていた「共同幻想」は〝共同具象体験〟となり、これを拠りどころにした新しい発展が期待できるのではないだろうか。

一九〇五年に、アインシュタインの相対性原理が発表されると、従来のニュートン力学の根底を大きく揺さぶるとともに、さらに物質の根源に迫るその理論は、量子力学・原子力工学・

宇宙論（例えば、ブラックホール）などで大きな発展を見た。相対性原理が発表されて数年間というものは、それまで謎とされ棚上げ状態となっていた問題が、量子力学によって次々と解明されていった、いわば疾風怒濤のような時代であった。

現代とは、歴史学・経済学・人類学などの人文社会科学のうえで、まさに、その疾風怒濤の時代に突入せんとしているのではないだろうか。この一つが、経済人類学であり、シルクロードであり、古代史であり、密教、縄文、構造主義、等々である。

蛇信仰・女神などの原始宗教が歴史のうえで、英雄とか文明とか国家とか金属と入れ替わって退場したとはいえ、その後どのような系譜を辿ったのであろうか。蛇を御神体としている三輪山信仰とか、竜の名のつく寺などのように、一部は信仰として残るが、大勢は、「蛇忌み」に代表される、卑しむべきもの、卑しむべき対象となって、幾世代を経て、現代にまで色濃く尾を引いてきている。

沖縄の遊郭に戦前まで伝えられてきた話のなかに「遊女の先祖は、ある高貴な家の姫であった」とあり、もう少し調べてみると「遊女の先祖は、乞食王・首里の尚真王の王子の妃であった」そうである。

この姫とか妃は、沖縄では巫女である可能性が強く、谷川健一[*1]氏によれば、「巫女→巫娼→

娼婦」（同氏「女の風土記」）と変遷してきたという。

現代人が遊女や水商売女にたいしてもつ感情も、一種「蛇忌み」と共通な面がありはしないか。水神竜蛇信仰ということを考えると、水商売の「水」も、「水神」の「水」からくるのかも知れない。

入墨（刺青）は、やはりキラワレものの一種であるが、『魏志倭人伝』によると、邪馬台国の人々は、多くの人が入墨をしていたとあり、鳥居龍蔵氏[*2]は、この入墨は、ほとんどが竜の入墨であったと指摘している。

日本人の入墨にたいする感情は、「倶梨迦羅紋紋《くりからもんもん》」などといって蔑視され、忌み嫌われているが「蛇忌み」ともピタリと一致してくる。水商売にせよ入墨にせよ、底辺の社会では根強い人気がある。

中世ヨーロッパの不思議な現象「魔女狩り」は、女性が魔術とか妖術を操作することを禁じたという点で、基本的な構図は「蛇忌み」とまったく一致する。「魔女狩り」の動機・由来は、今もって謎とされているが、古代国家誕生の頃にその端緒があるのではないか。

ただ、「蛇忌み」と「魔女狩り」とを比較すると「蛇忌み」が消極的な態度であるのにたいし、「魔女狩り」は積極的・攻撃的である。

しかし「蛇忌み」が消極的だと言えば、日本の「男尊女卑」は積極的で厳しい、と指摘する人も出てくるだろう。ということは、「蛇忌み」は、男女の関係、あるいは・女性問題・とも深いつながりをもつことになる。否、〝女性問題〟の根源でもある。

女性問題に限らず、性と人間精神の問題には、理解しにくいテーマがある。フロイトは、精神分析を通じて、人間の心理現象に及ぼす要因のなかで、性が占める位置の大きさを指摘している。

「性」が生物的性から脱皮して、女神の発生↓英雄（男性）による奪権↓蛇忌み的状況、というように、社会的・政治的な「性」として独り歩きしている体制が、フロイトの言う、象徴的な「性」であり、その大きさに、人間の精神現象が大きな影響を受けていると理解すれば、フロイト説の奇異性は解消する。と同時に、女神↓蛇忌みへの転換が、いかに大きな歴史的事件であったのかその大きさをうかがい知ることができる。

＊1谷川健一　一九二一〜二〇一三　東京大学文学部卒。日本地名研究所所長。

＊2鳥居龍蔵　一八七〇〜一九五三　人類学者・考古学者。文学博士。東京帝大助教授の後、上智大学、中国燕京大学客員教授。

このような、「性」の二重構造（生物的性と社会的性）と、人間精神の深層を闊歩している蛇忌み的状況とを踏まえたうえでのフロイト研究が行われれば、ドグマとも言えるフロイトの性因説が、より立体的構図のなかで再検証されることになるであろう。

錬金術が人間心理に深く投影していると指摘したユングについても、ほぼ同様なことが言えよう。性および錬金術が文明誕生のバックボーンとなっている（ヘシオドス）のだから、人間の深層心理のなかに、性および錬金術が潜伏しているとするフロイトやユングの立場は、再認識されなければならないし、文明の背景と人間の深層心理の関係も洗い直されなければならないことになる。

文明が急展開する局面で必ず顔をのぞかせてくる、南北問題やその他もろもろの差別の問題と関連付けてこれらを考えてみたい。

竜蛇信仰を持つ南方農耕民たちや海洋民族は、国家や金属の進出により、蛇忌みの体制をどのように受けとめたのであろうか。竜蛇信仰にたずさわっていた人々は、新体制の側からどのような扱いを受けたのであろうか。

ヤマタノヲロチたちは、スサノオミコトに追放されて、それ以降一体どのようになったのか、この辺に差別の原点が存在するのではないだろうか（次章「ヤマタノヲロチ神話解釈の重要性」

ヴァン・デル・グース『原罪』

エデンの園の意味、蛇の教えは邪悪→蛇のすすめた禁断の木の実を食べた→人類は原罪を負う→キリスト教によって救われる→女神から男系へのスイッチ参照)。

世界三大宗教は、いずれも、男性を主として仰いでいるが、例えばキリスト教の場合でも、旧約聖書のなかに、すでにアダムとイブの順で人間が造られたという、男性優位の傾向が出てきている。アダムとイブの楽園追放は、まさに、蛇の甘言を受け入れることが人間の原罪であり、蛇からの脱却のなかに、キリスト教的な人間の救いがあるとしている。

このように、大宗教の根底に、「蛇忌みのすすめ」のようなものが述べられていることは、男性社会というものが、周到に準備された体制であり、これに立ち向かって矛盾を感じ、宗教に救いを求めても、やはりそこも袋小路でしかない、という印象を拭い去ることはできない。

神話や国家や文明や科学との絆、呪縛から自己の意識が全く自由である人間は、現代において存在しうるであろうか。また、歴史は逆戻りしないといわれているが、蛇信仰への回帰ということはあり得るのであろうか?

「蛇忌み」が、世界共通性をもっていることにおどろくと同時に、ウーマンリブや南北問題等の問題が、世界的共通性・共時性をもって現代に存在するということは、おどろくばかりである。

六 父権喪失は「女神信仰」の裏返し

モラトリアム人間なる言葉が流行し、現代における父権の喪失が指摘されている。ヘシオドスに戻るならば、善良者は、英雄を憎み、鉄を嫌う。父権の「喪失」とは、ただ自然に失なわれてしまったのではなく、善良者であるがゆえの、父権への敬遠の態度の表れではないだろうか。

裏を返せば、現代人における女神へのあこがれが見逃せない現象として生まれてきている。この女神こそ、古代への情熱をもち、縄文へ、古代宗教へ、となだれ込む現代人が求めてやまない至宝に相当するのではないだろうか。

しかし、この至宝の前にたちはだかる巨大な壁とは、……「蛇忌み」であり、「蛇忌み」に裏打ちされた、一見便利で、しかも奇怪な「現代」なる代物なのである。そして、この壁に立ち向かうことができるのは、女神でも、天皇でも、国家でもない、新しい「何か」でなくてはなるまい。

蛇信仰への回帰――ラジカルなウーマンリブ運動が、アマゾネス的社会を志向するならば、歴史は逆戻りしないとの仮定のもとに、それは実現し得ない希求でしかなくなる。復古がだめなら、新しい何かを創造しなければなるまい。

しかし、当面は、科学や国家や文明の人類の平和にたいする〝両刃の剣〟としての性格を再認識し、奪い合い傷つけ合う側の刃に歯止めをかけ、危機を救い分け合う側の刃を磨き上げる営為へと進むことも再認識していかなければなるまい。

第二章　ヤマタノヲロチ神話解釈の重要性
――ヲロチ＝邪馬台国の図式は成立するか――

一　ミコ達の出生のルーツを探る。

三世紀から五世紀にかけての古代日本は、それ以前の『魏志倭人伝』等による一連の大陸系の記録と、それ以降の『古事記』『日本書紀』等の国内的記録にはさまれた期間で、歴史学上の大ブラックボックスであり、「謎の四世紀」と呼ばれてきた。しかし近年の爆発的な古代史ブームにより、この断絶された一〇〇〜二〇〇年間にも、多方面から様々な解釈が加えられ、浸透が開始されている。

ただ残念ながら最近の出版界の様相は、邪馬台国産業とでも呼べるような熱の入れようであるにもかかわらず、それでも、この謎の四世紀にたいしてだけは、依然として浸透程度の段階であり、前後を結ぶチャンネルが切り開かれたとは言い難い状態なのである。

一つには、『魏志倭人伝』や『後漢書東夷伝』等の大陸側の史料と『古事記』『日本書記』の記述との間に、何らのコミットメントもなく、相互の脈絡を捉えることがいろいろな意味で困難であり、その記述の性格もまったく異なることが、謎をますます深めているものと思われる。

大陸側の史料が、女王国家の機構から、民衆の風俗までを短文の中にまとめた、客観的でジャーナリスティックな記述であるのにたいし、『古事記』等の記述は、十分に主観的であり、神話のもつ包括的、支配的性格は、それから抜け出して客観に立つことを許さない側面がある。

また、経時的な記述上の差として、『魏志倭人伝』等が、瞬間写真的であるのにたいし、『古事記』等は、物語絵巻的であることも、両者から共通点を探すことの困難さを倍加しているといえる。しかし、以上のような両者間の性格上の差を踏まえてこそ、両者間に接点があるならば、それを見出すことができるであろう。

さて、私は本節を「ミコ達の出生のルーツを探る」としたが、このミコとは邪馬台国の卑弥呼を中心としたミコ達のことであり、このルーツに焦点を当てることにより、謎の四世紀に光を当てようというわけである。

『魏志倭人伝』によれば、邪馬台国の女王卑弥呼は「婢千人を以て自ら侍せしめ」として卑弥呼自身もミコであり婢千人も恐らく卑弥呼を補佐するミコ的な性格をもったものであったろうと推定されるし、卑弥呼の死後、争乱があったのち女王の地位を継いだ宗女「壹與」もまたミコであった。

これらのミコ達こそが、現代風に言えば邪馬台国の象徴であり、邪馬台国の権力中枢そのものであったわけである。では、これらのミコ達は、一体、何処からきたのか、出生のルーツは？

卑弥呼以前は、「本亦男子を以って王と為し、住《とど》まること七・八十年。倭国乱れ、相攻伐すること歴年、乃ち共に一女子を立てて王と為す」（『魏志倭人伝』）とあり、女王国の性格を大林太良氏*は「卑弥呼の鬼道を紐帯とした、倭の諸国のアムフィクテュオニアに変貌したことである。アムフィクテュオニアとは、祭祀同盟とも隣保同盟とも邦訳されるが、要するに一つの共通祭祀という紐帯によって、さまざまな政治集団が同盟を結び、ふつうその祭祀期間は同盟者のあいだでは休戦するという制度だ」（『邪馬台国』一八〇頁）と述べている。まさに正鵠を得ていると思われるので引用させていただいた。

この大林氏の一文は、総論であり、私は、同盟者の間に結ばれていた筈の盟約の約文（明文化されていなかったかも知れないが）なり約束事の内容を各論として、そこに、邪馬台国のミコたちのルーツの秘密が隠されていると推測したい。約文の内容は、恐らく、卑弥呼を柱とし

＊大林太良　一九二九〜二〇〇一　東大名誉教授　民族学（文化人類学）

邪馬台国の政治組織

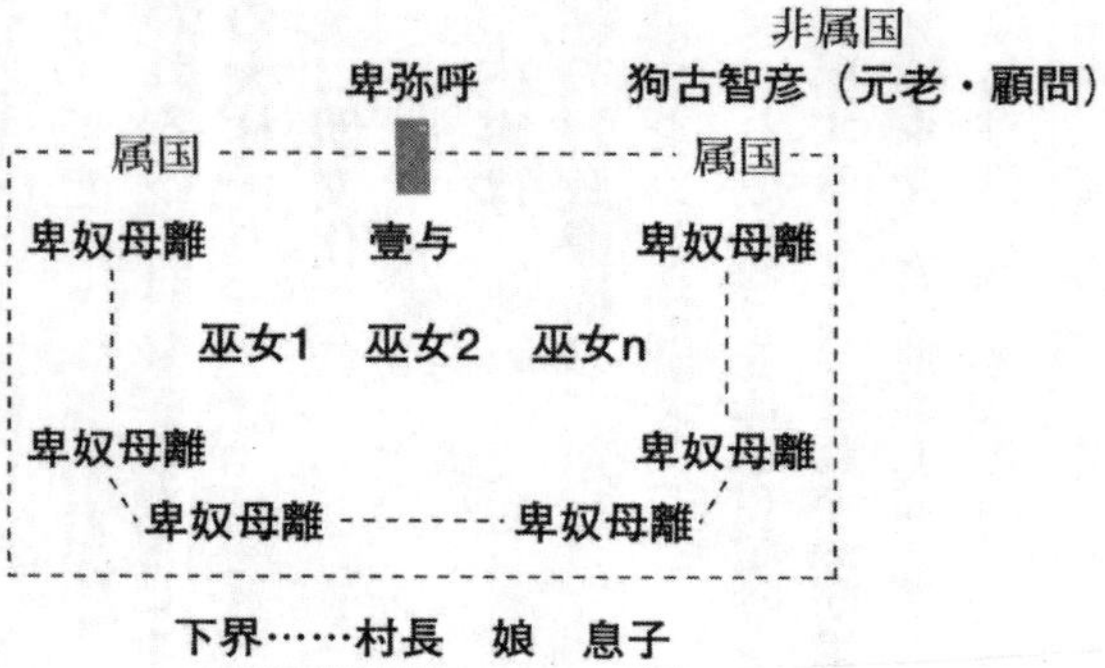

て倭国が同盟国となること、同盟国＝邪馬台国の行政機構の二項目の他に、次の一項目があったものと推測される。卑弥呼の補佐ないし後継者として、同盟国が一定の行政単位、一定の期間に一定の人数のミコ（女性）を中央に送る（供出）すること。例えば、各村毎に毎年一人の娘を供出すること、これが加盟条件である、というような……。

　卑弥呼を含んだ婢千人のルーツが、各村々から毎年一人ずつというような辺にありはしないか、というのが私の推論の第一である。卑弥呼とその少数のグループだけはシャーマンとしてすでに存在し、盟約で卑弥呼を中心にすえたという場合でも、卑弥呼を中心にすえる以上は、ミコ達の補充に同盟国が責任をもつ、という一項は必要であったに違いないと思う。いずれにせよ、盟約中に第三項があったのではないか、ということである。

さらに言うならば、各村から供出する女性は聖職につく以上は当然処女であることが必要である、とか、重要なことは、この盟約は各村の少数の長以外には知らせない秘密協定であり、村の長は処女を供出させるさいには、神への犠という形をとり、この見返りとして天変地異が鎮められるというようなことを国民に口実として伝えるという細則があったことが考えられる。システムとしての女性供出体制がなければ、邪馬台国は滅びてしまうわけである。

一方、一般民衆にとっては、邪馬台国は雲の上（神の世界）の存在であり、国が存在していたかどうか、またその場所なども、曖昧模糊としていたのではないだろうか。女王国の存在は女王が外国に使節を送ってはじめて歴史に記録として残ったのではないか。「景初二年六月、倭の女王、大夫難升米等を遣わし……」（『魏志倭人伝』）というように——。

二　ヲロチは毎年一人の童女を喫《くら》う

『古事記』『日本書記』の側から、ミコたちのルーツを示す痕跡を探る作業に移ろう。

「ヤマタノヲロチ神話」＝日本人が、幼少のころから強い驚異をもって聞かされるこの神話は、ヤマタノヲロチ——スサノオノミコト——クシナダヒメの組み合わせではなくても、ヒヒ——イワミジュウタロウ——村オサの娘などと主人公を入れ替えた民話としても生きている。

石田英一郎氏*によれば、この種の神話について、「水神である竜蛇の類に犠牲《いけにえ》として捧げられた処女が、英雄の手で救いだされるというペルセウス＝クシイナダヒメ型の神話もまたこの種の豊饒儀礼の名残であろう。この型の話は「バビロニアやスカンディナヴィア、スコットランドをふくむほとんど全ヨーロッパにわたって伝播し、さらにアフリカのニグロ、カビレ、アメリカインディアン、エスキモーなどの諸種族のあいだにも見出される」（『河童駒引考』）としている。

神々の間の争いごとは、神話の世界でこそごくふつうの出来事であるが、その一つ一つが実は重大な意味をもっている。ヤマタノヲロチ神話の構造は、水神竜蛇信仰圏にたいする英雄（文化圏）の勝利、というパターンをもち、石田氏の言う「豊饒儀礼の名残り」という説明は、「犠牲を捧げる」ということの説明にはなっても「英雄が犠牲の処女を救い出す」ことの説明にはならない。竜蛇信仰については、大林氏の『邪馬台国』の中に重要な指摘があるので後ほど触れることにする。

ヤマタノヲロチとは何か、という問にたいして、多くの書物が、河川であるとか風水害であるとかしている。しかし、『古事記』には「コシのヤマタノヲロチ」とあり『日本書紀』にも註として「ヲロチどもはコシの国より海を渡って来た」とあり、ヲロチ＝河川とするのは納得がいかない。

私は、ここでヲロチが毎年ひとりづつの童女を喫《くら》うというパターンが、そのまま、私の第一の推論である、邪馬台国の盟約の第三項「各村毎に毎年一人のミコを供出すること」のパターンとまったく同じであることに気がついた。さらに考察すると、同じであるのはパターンだけでなく、どちらも謎の四世紀ころの出来事であるという時期的な一致もある。そこで、このパターンに固有名詞を放り込むことにより、次のような物語を作成してみた。

「ヒミコを中心としたミコたちのルーツはヤマタノヲロチにさらわれた娘たちではないか。ヤマタノヲロチとは女王国やその属国の武官であった。一方、スサノオノミコトは、ある国から追放されて出雲地方に来て、ヲロチと争いこれを撃退する。」

私はこのストーリーを長い間「疑問」として留保していた。しかし、次々に核心に迫って行く邪馬台国論争の数多の論文は、私のストーリーを力づける方向で進んできた。

その第一が、先ほど述べた大林氏の「竜蛇信仰」にかんする件である。大林氏は、邪馬台国

＊石田英一郎　一九〇三～一九六八　東大教授。文化人類学者。代表作「河童駒引考」「桃太郎の誕生」

の風俗の中で最も特徴的なものの一つとして入墨を挙げ、鳥居龍蔵の「『魏志倭人伝』には文身の図同様の記述は少しも書いてありませんが、夏后少康子其他の例文から考えますと、殊更に書きこそしませんが、竜子の如き図様を文身にした様に考えられます」を引用し、文身の背後に竜蛇信仰があるとの鳥居の研究を高く評価している。邪馬台国の武官の入墨(竜子の模様)と竜蛇信仰にたいして、『古事記』の「ヤマタノヲロチ」とは、現象的にも宗教的にも一致している。

三　スサノヲノミコトのヲロチ退治が意味するもの

「ヤマタノヲロチ神話」の主人公が単なる一小地方の英雄ではなくスサノヲノミコトであったということは、出雲地方におけるヤマタノヲロチとスサノヲノミコトとの争いの結果が、四世紀以降の日本に如何に大きな変化をもたらしたかを推察するに余りある事実である。

スサノヲノミコトのヲロチ退治は、女王国の紐帯を断ち切って、犠牲となるはずのクシイナダ姫と結婚することにより、ミコとなる筈の女性を家庭に戻してしまった。「ヤマタノヲロチ神話」の思想は、過去の女王国のあり方をヲロチという表現で民衆に恐れさせたこと。第二に、女性が肉親との別離を余儀なくされるという女王国制度の宿命とも言える弱点を最大限に衝く

素戔嗚尊八岐大蛇退治図　歌川豊国画

ことにより、女性を家庭に戻し、その結果自ずと女王制の再現を不可能にさせるという、一見平和主義実は徹底的な男権思想の確立と読むことができる。

この背景には、武器や利器としての鉄器や大陸の情勢などの重要なファクターも介在していると思われるが、それまでの男王国は、小国が相争うことによってお互いの殺戮を繰り返し、それにたいする一方策として女王国を成立させた。ということは、それまでの男王国は、女性の神秘的シャーマン的特質が、男子の武力的実務的特質と対抗して時には男権を圧倒し、新しい中世封建的女の在り方が神話という形で思想化し、語り継がれて行くことになったわけである。

なおここに三つの問題が生じている。一つは、出雲という地域性と、「ヲロチ」が「コシ」の国から来た、という点である。「コシ」が北陸であるとすれば、女王国の影響が裏日本一帯に及んでいたということになる。『古事記』の「高志（こし）」は、他に「沼河比売、求婚」の章にも「高志国（こしのくに）」が出てくる。

第二は、女王国に統属された国々の官名に副官として「卑奴母離」というのが多く見られる。従来は「母離」は「守」の表音文字であろうとしているが、この官名を表意文字とすると「卑（弥呼、又は女性）を母と離す奴（男）」と取れる。つまりヲロチの役であるが、各村へ行き、毎年娘を女王国へ連れて行き、また逃亡を防ぐ（簡単に里帰りを許さない）、という役柄から「母離」の方がより原初的な「守」の語源かも知れない。

卑奴母離がヤマタノヲロチではないか、という邪馬台国属国の官名は、表音的側面からの研究があるが、十分表意的である。隣国の王は狗古智彦を表意的に読むと、元老とか顧問の男とも読める。卑弥呼を引きついだ壹與は、台（国）を与えるとも読める。今後表意的研究が待たれる。

第三に、ヤマタイ国だからヤマタノヲロチと呼ばれたのではないか、とする符合性であるが、邪馬台国は誤まりで邪馬壹国が正しいとする説（古田武彦氏*）もあり、また音韻学的な検討も行っていないので、この点は確信が持てない。

*古田武彦　一九二六〜二〇一五　歴史学者。代表作『「邪馬台国」はなかった』、『失われた九州王朝』、『盗まれた神話』

第三章　「竜・鉄を忌む」説話と女性史・技術史
――東アジアの南北問題を踏まえて――

一　鉄の歴史と女性の歴史

「鉄はわれわれの近代文化の条件となっており、それを支配している」
L・ベック[*1]著『鉄の歴史』第一巻序章第一頁
（中沢護人訳・たたら書房刊）

「元始、女性は太陽であった」　平塚らいてふ[*2]

*1 L・ベック　一八四一～一九一八　ドイツ生まれ。ハイデルベルグ大学卒。技術者・実業家として、ラインヒュッテ社を一流企業に育てる。二十年の歳月をかけて『鉄の歴史』を書き上げた。

*2 平塚らいてふ　一八八六～一九七一　評論家・婦人運動家。女性文芸誌『青鞜』発刊。代表作『原始、女性は太陽であった』

鉄は農具・道具・武器・機械という形で人類の利用に供され、人類の地位を築き上げ、引きつづく産業革命期において鉄の製造技術の発展の結果が蒸気機関や鉄道となって、近代社会の躍進の基礎となった。

しかし、かたや鉄の歴史とはまったく無関係とも思える女性史の方では、「元始、女性は太陽であった」という命題がある。この命題は、実に深い謎に包まれている。

現代社会は、なんといっても男権社会であるし、ただ、いかなる男子たりとも女性から生まれてくるという宿命があるから、一定の女性の地位が存在するようにも見える。まさに女性は・〝太陽〟から〝月〟になってしまっているのが実態である。

この男性中心の社会における女性の地位の実態については最近の女性学の成果を含めて多くの指摘がなされてきた。しかし、「元始、女性は太陽であった」の原始から、現代のような男権社会へと切り替わってきた、女権の変遷過程は皆目というほどわかっていない。とくに、なぜ女性が〝太陽〟から〝月〟になってしまったのかについては、全く謎に等しい。ただ、エンゲルス*が「私有財産制の確立と引き換えに女性の敗北があった。……男女の分業の過程で女性氏族が崩壊して弱者の地位におちいった女性が、いっぽうで発生した女奴隷のありかたに、漸次に同化し、ついにまったく奴隷化し、そして商品化してしまった。」(『家族・私有財産および国家の起源』)と述べているにすぎない。エンゲルスの指摘からわずかに想像されることは、男権氏族が女権氏族を滅ぼして、敗れた女権氏族は奴隷となっていったらしいということであるが、その実態は不明である。

ここで、鉄の歴史と女性の歴史を対比してみると、鉄器登場の時期と、女権の没落の時期とが、おおまかに言ってともに文明の開幕期であるという一致点があることがわかる。この時期に両者が歴史のうえで入れ替わっていることになる。

二　佐喜真の提示した女治・母権・母系の定義

平塚らいてふ

最近、出版された本や雑誌にも、女性史をテーマとしたものが案外多いが、史料上の制約からか、ほとんどの書が男権社会下における女性の生き様を描くことに限定されてしまっている。現代がなぜ男権社会なのかを追究するには、過去の女権社会がどのような過程を経て男権社会へ切り替わってきたかについての研究が必要である。

＊エンゲルス　一八二〇〜一八九五　ドイツの思想家・革命家。代表作『家族・私有財産・国家の起源』

ここでは、高群逸枝の『女性の歴史』と佐喜真興英[*1]の『女人政治考』についてひとこと特記しておかなければなるまい。高群の研究は質量ともにスケールが大きいばかりでなく問題意識という点でも卓越している。佐喜真の『女人政治考』では、最初に、女治・母権・母系の語義の差を明確に定義づけている。それによると

一　女治とは「女性の magico-religious（宗教的魔術）な能力に基く女性政治のこと」
二　母権とは「家または族内における女性の規範、それに基く優秀を意味するもの」
三　母系とは「親族関係は母の血を流れるとなす制度」

としている。古代女性史を解明するためには、最初にこのような定義づけをおこなうことだけでも、きわめて重要なことと思われる。このうちでも、古代母権制と古代母系制を究明することは、最も困難にしてかつ最も必要に迫られたテーマではないだろうか。

文明の発生期の問題であるために史料の選択と解読には漠大なエネルギーを必要とするうえ、男権・父権・父系社会へと切り替わってのち現代まで男権社会が続いていると考えられるので、女治・母権・母系を肯定する史料等は故意に抹殺されているのではないかといったことも考えておかなければならない。

私は、女治の面からの女権より男権への転換の動機・経過についての私なりのアプローチを試みた。ただ、女治といっても古代における女治は、現代の女性首長のようなたんに男権社会の頂点のみを女性が占めるといったものとは本質的に異なり、はるかに強力に、母系とか母権のもつベーシックな力に支えられたものと考えている。さらに、私は、鉄と女権とが離れがたく対決して演じられる歴史上の入れ替わり劇についても、フォークロアの面からのアプローチを試みた。

三　古代の南北問題　日本（列島）文化の源流

シルクロードにたいして、強いフラッシュが浴びせられている。昭和五四年、国立博物館で行なわれた「シルクロード文物展」によせて護雅夫氏[*2]は「ともすれば見落とされがちであるが」と前置きして「居延の漢代烽燧遺址から発掘された、木簡・割符・封泥・弓矢・炬火《たいまつ》は漢軍の北の匈奴にたいする守護隊の遺品」であり、当時「南の漢と北の匈奴とのあいだの苛烈な対立・

＊1佐喜真興英　一八九三～一九二五　法律家。民俗学の研究家。
＊2護雅夫　一九二一～一九九六　東大教授。ユネスコアジア文化研究センター副所長。

抗争を物語る」出土品である、と解説している。（読売一九七九年五月・文献四）

私たちが、かねてからシルクロードに感じていた、なつかしさというものが、戦後歴史学の発展過程のなかで、江上波夫*氏の騎馬民族渡来説とともに体系的にイメージ化されてきた、とも言われているが、一方で、言語や民俗学的事象を対照させてみると南方文化からの日本（列島）文化にたいする強い影響も見逃すことはできない。それでは、何故に南の漢と北の匈奴との苛烈な対立・抗争がそれほどまで問題となるのか。それは、江上氏の研究のなかで、日本文化の源流というものが、かなりはっきりしてきたことと関連があるようだ。

日本（列島）文化の源流は、北のシルクロードと南の諸国との対立抗争のなかで生まれ、日本列島の土着農耕村民やアイヌ・琉球・太平洋民族も含んだ多様な流れが混然一体となって形成された、ということではないか。

つまり、日本（列島）文化の基本的な構造のなかに、南の漢と北の匈奴との対立・融合の関係が、まったくよく似たパターンで引き写されていると考えられるからである。

四　政治史の範囲を超越

護雅夫氏は「シルクロードと南北問題」が「政治史的に大きな意味をもつ」と指摘している。

しかし、シルクロードにせよ、騎馬民族渡来説にせよ、あまりにも「政治史的に」のみ捉えすぎてきたのではないだろうか。「政治史的に」の範囲がどの辺までを指すのか、はたして、政治史だけの範囲に止まる問題なのであろうか。この南北問題には、政治史の枠を外れる大きな問題が横たわっているのではないだろうか。

その第一の理由は、技術史・文明史の第一段階として最も重要な金属文明は、北側の遊牧民が最も得意とするところであり、金属の普及・鉄器や青銅器の製造技術がシルクロードを経て遊牧民によってもたらされたものと見られること。

この冶金技術は、遊牧民にとっては、運搬のための車輪や馬具や武器として有効であったが、南北交流の結果、金属器や冶金技術が南の農耕民の間に普及するや、鉄製農具を使っての農耕地の拡大や収穫の飛躍的増大が達成され、富の蓄積へと引き継がれるという経済史上の一大エポックが形成されたと考えられること。

五　女性史の面から

＊江上波夫　一九〇六～二〇〇二　東大東洋史学卒業。東大名誉教授。

第二には、女性史の面からのかかわりである。騎馬民族説や他の多くの研究成果の語るところは、北方遊牧民は徹底的な男権システムの社会を構成していたとされている。さらに南北融合の結果、金属文明の成立と相俟って、それまで主として南方にあった女権システムを駆逐し、新しい形の男権制度を築き上げていった。

現代の男権社会はこの時代にその基本的パターンが確立されたと言える。逆に女権の立場から言えば「女性が太陽であった」古代に、終止符を打ったのは、他ならぬ北方遊牧民であること。北方遊牧民のもたらした、金属文明・男権社会・従来にない強力な国家体制の三拍子がそろったところで、女権社会が駆逐され、その結果、女性の社会的進出を極めて困難な状態に陥らせた、というようなことである。

平塚らいてふ、高群逸枝、佐喜真興英らの女性史研究家は、古代に女性・母権・母系社会が存在したことを確証しているが、それでは、なぜ現代のような男権社会へと移りかわってきたのかについて、もう一つ確実な糸口を見出せないできたのではないだろうか。

この答えの一つとして、古代アジアにおいては、北方遊牧民と南の農耕民との金属文明を介しての融合の際に、農耕民が金属器の恩恵を受けることの代償として、徹底的な男権システムを受け入れざるを得なかったのではないか、ということが考えられる。

六　女性史の変曲点

女性史とは広い意味の政治史の裏がえ史であるとも言えようが、古代東アジアにおける南北問題を、たんに政治史（＝権力史）とだけ捉えるのならば、北方遊牧民は、匈奴、元、蒙古と非連続的に歴史に登場するだけである。しかし、女性史の側からこの問題を捉えるならば、北方遊牧民のもたらした男権システムの社会は、現代まで連続的に重大にわれわれの生活にかかわってくる。

そこで、古代東アジアの南北問題の解明なくして、女性史の最重要なネックの解明はあり得ないであろう。さらに、男権社会が東アジアや日本に特有の現象ではないことから想像すると、この南北問題も東アジアや日本に限定されずに、シルクロードを西にさかのぼって、ユーラシア西部に達したところ、ギリシァ・ローマを始めとするヨーロッパ全域においても同様な問題が、きわめてよく似たパターンで進行したのではないかと想像されるのである。

後にヨーロッパ文明へと発展したギリシャ国家の成立は、まさにこの想像が当を得ていることを確信させる。ギリシャにおいても土着農耕民のところへ騎馬民が侵略し、融合することで国家の原形が造られていった。

南の漢と北の匈奴との間における問題を、ユーラシア大陸全域に向けてこのように一般化すると、南の漢と北の匈奴とは、南方土着農耕民と遊牧騎馬民へと置きかえることができよう。

七　フォークロアのなかから

このように広大なスケールに発展するかも知れない問題で、史料の発見もおぼつかない年代の頃を解明する手段として、フォークロアは一つの有効な手段ではないだろうか。

その先駆者、柳田国男*は『桃太郎の誕生』中の昔話の説明のなかで、竜宮の乙姫に代表される南の島の世界の存在を暗示し、日本の昔話と水神信仰との強い結びつきを述べている。また石田英一郎の『河童駒引考』は東アジアの領域まで拡大し、北方系統の種族は父権的文化圏に、南方農耕民は、月・大地・女性・牛・農饒力と水の文化圏に分けられることを指摘する。

江上波夫氏の「騎馬民族渡来説」も突然に提出されたわけではなく、柳田・石田らの研究の延長上にあると言えよう。さらに、江上説の「渡来」そのものは実証できなくても、全体的な背景やパターンを認め、その延長上にあるのが、護雅夫氏や大林太良氏らの研究ではないだろうか。

八　技術史と女性史の接点

これらのすぐれた先駆者たちの研究を、さらに技術史・女性史の面から追跡することが、今ほど必要とされている時はないと思う。『古事記』『日本書紀』なども、男権思想に満ち満ちているといわれているが、誰が読んでもあたりまえなためか、「男権」という見方から解説した本は少ない。私はここで金属文明の拡大と相前後して女権の後退が始まったということを強調していきたいが、従来のような技術史（特に製鉄技術史）と女性史とを切り離して検討することが、かえって真実から離れ混乱を引き起こすのではないかと思い、極めて謎めいた言葉「竜、鉄を忌む」の周辺を、技術史と女性史の二方向から論考してみた。

＊柳田国男　一八七五〜一九六二　民俗学者。代表作『遠野物語』

第四章　北の風土と南の風土

一　人間は風土の一面

「風土」と「人間」。この一つの言葉は、分子生物学や古生物学の発展した現代において、もはや対立させて考えること自体、古いのかも知れない。

厳密に言えば、人間とは、地表の風土から発生し、風土へ回帰する。生命の起源が海だとすれば、生命は最初海のうたかた、藻くずのようなものだったのかも知れない。

長い進化の時間を経て、今の人間が風土から独立している、ということはなく、人間という現象自体が、風土の一面であるとも言うことができないだろうか。

しかし、ここでは「風土」と「人間」について、猿が人間に進化した以降のことに限って、考えてみよう。

二　有史前人間史のウェイト

人間が地表に出現してから、現在まで、およそ二〇〇万年ともいわれる。（オーストラロピテクス）また、ネアンデルタール（旧）が二〇万年、クロマニヨン（新人）が四万年前といわれる。この年数と、キリスト生誕より現在まで、あるいは、大和朝廷の成立より現代までの年数、およそ一五〇〇～二〇〇〇年とを比較すると、二〇～一〇〇〇倍となる。歴史学が、史料のみに基づいて研究する学問だとすれば、人類史全体の、わずか二〇分の一～一〇〇〇分の一の期間についてのみ研究する学問ということになる。

歴史学が、たんに学問として存在するだけでなく、人間とのかかわり合いにおいて、その存在が問われるとするならば、今からおよそ五千年以前の何十倍か何百倍かの長い期間をどのように規定するのかということは、きわめて重大な課題となってくる。

旧石器時代という言葉は未成熟で単純で幼稚な、という印象を与えるが、言葉の発生・分化・伝播、文字の発生・発達、宗教や神話の発生・分化、その他、政治・経済・社会・文化・科学等々人間に関する基本的のすべてのスタートラインがこの時代にある。

こうしたなかで、ユーラシア大陸に焦点をあてて、現代人の祖先にあたる人々が風土とのかかわりをもちつつ、その文化をどのように育くんでいったのかを考えてみたい。

三　風土と思考法のつながり

現代という時代は人間と科学技術とが風土にむかって襲いかかっていくように見える時代であるが、原始時代とか旧石器時代には、逆に風土が常に人間を呑み込まんとしている様相の強い時代であった、と考えられる。この期間が、気の遠くなるほど長い期間であることを考えると、一見自然からは独立した因子のように見える人間の思考方法にも、この長い時代の風土が強く影響していると指摘したのが、鈴木秀夫*『森林の思考と砂漠の思考』（ＮＨＫブックス）である。

彼は、東西の物の考え方の差を風土に求め、「ところで、このような東西二つの論理の分かれ道は、どうしておこったか。そこに砂漠と森林がかかわっていると私は考える。砂漠ではある一つの道が水場に至る道であるか否かどちらかに決断をしなければならない。その道が正への道であるかと判断することである。それに対して、森林には、生が充ち満ちている。生への道か滅への道か思いわずらう必要がない。人間が、これだと思った道から迷うことによって、かえって桃源郷を発見する」「森林では道に迷うことによって桃源郷に至ることがある。森林

＊鈴木秀夫　一九三二〜二〇一一　『森林の思考と砂漠の思考』。東大名誉教授。清泉女子大教授。

の民は、楽観的で歩む道を決められることを固苦しく思う」〝人間万事塞翁馬〟というような故事を好む。道に迷っても、多くの場合、水があり、果物もある。森林のなかでは、楽観のあまり、神も仏もしらないと思う。」

人間の思考法というものは単純に考えればもっと多面的であってもよいはずであるが宗教とかその他の文化のなかに森林的思考と砂漠的思考の二極が強く残っているということである。

四　鈴木説の「東西」は東アジアでは「南北」

鈴木氏の言う「東西」とは「西」がシルクロードを通じて東アジアの「北」へ、「東」とは東アジアの「南」のことであるから、東アジアでいえば「南北」ということになる。

鈴木氏は、二つの思考法の分布と風土（砂漠と森林）の分布の位相が極めてよく一致するということを指摘して新しい文化論を提示しているが、東アジアに着目すると、戦後すぐに発表された『河童駒引考』で、石田英一郎がこの二つの思考方法を、より明確なイメージで、すでに提示していた。

これが砂漠↓北方父権的文化圏と森林↓南方豊饒力と水の文化圏に対応される。

言語の方法や語順などでも、ウラル・アルタイ語族とインド・ヨーロッパ語族は双方の文化圏に対応した好例といえよう。

以上の論理の帰結からは、日本人論として一つの奇妙で重要な結論がでてくる。万一、日本人の多くか一部が騎馬民族であったと仮定すると、ヨーロッパ人よりも日本人の方が、むしろ、よりキリスト教的（一神教的）であり、中国・インド・ヨーロッパに住んでいた人の方がむしろ仏教的（多神教的）である、ということになる。

よく東洋と西洋の比較とか、日本人の心、などが論じられるが、ヨーロッパにおいては、多神教的なベースに、中世キリスト教（一神教）が君臨し、日本においては一神教的なベースに仏教や儒教が植えつけられた、という結論になる。

ここでは話を日本人論に帰着させずに、東アジアに眼を戻して、石田氏・鈴木氏の労作の助けを借りて、南と北の二大文化圏の成立を整理してみたい。

五　南北二大文化圏の特徴

成立の時期　紀元前二〇〇〇年～三〇〇〇年以前のことと思われるがそれ以前どれ位遡ればよいかわからない。氷河期等にも関係がありそうである。

（要因）	（南）	（北）
南北の風土差	湿潤	乾燥
	森林	砂漠
水	豊富	少ない
食糧	豊富	少ない
食事	草食	肉食
カビ・細菌	繁殖し易い	繁殖しにくい
	（傷口を嫌う）	
世界観	楽天的	計画的
	現実的	科学的
宗教	多神教	一神教
性	女権的	父権的
	（開放的）	（厳しい）
言語・言葉	動的	静的
	変化	状態

	饒舌	寡黙
発想法	情緒的	論理的
対自然	融合	制圧
社会	民主的	専制的
輸送	牛・舟	馬・車輪
	（海川）	（陸）
対金属	傷口を嫌うので刃物忌？	鉱脈・路頭を発見し易い。
		鉱石と還元剤（炭類）を調達できる。
財宝	浪費	蓄積
神話	水・竜・蛇・女	天・鉄・男・星占い
医療	薬草（漢方）	外科手術
その他	入墨・南国的恋愛的ムード	ピラミッド型・支配・軍歌
		科学・遊技・チーズ・鉱山
		冶金馬車

湿潤地帯が桃源郷のようなイメージで果物・食糧・水が豊富であるのに対し、乾燥地帯は、

金属や宝石や毛布が入手し易く、食糧が不足がちである。このように、人間の生存の基本にかかわる食糧をいかにして得るかが、精神活動をも含む広い意味の労働の起動力となり、乾燥地帯と湿潤地帯での長い間の食糧事情、その確保のしかたの差が、そこに住む人々の世界観や政治体制や言語、さらには女性の社会的位置づけに至るまで大きな違いを生み出したと考えられる。

六　二大文化圏の融合

しかし、この二大文化圏は、たがいに争乱、確執や融合を繰り返し、その境界において最も現代に近い文化が隆盛することとなる。日本における天皇制は、北側の男権社会の色彩の強い制度の一典型であり、南側の女権社会の一典型が、邪馬台国の女王制であったと考えられる。

長い時間をかけて醸成された遊牧父権的文化圏と農耕母権的文化圏は、その後、おたがいに争乱や対立あるいは融合を繰り返したが、この年代は、やはり紀元前二〇〇〇年から紀元前後までのことであったと考えられる。やがて、父権的文化圏が父権文明を片手に、農耕文化圏を取り込むようにして、国家が生まれていくことになる。

最近も、次々と発掘される「日本最古の……」というものは、多くが三〜六世紀程度のものであり、紀元前の二大文化圏の争乱や融合過程を調べるには、やはり、神話・伝承・考古学の力を借りなければならない。

七　タブーの発生要因

ここで、「竜、鉄を忌む」の謎解きに取りかかる前に、最初にタブー（禁忌）について考えてみよう。

一般に、原始民族とか、未開人種の国で、タブーといったものが存在するが、タブー（禁忌）の発生要因とは何なのであろうか。文化人類学者の間でも、はっきりした定説はないようである。

過去において各種族毎にさまざまな信仰対象が存在したときに、敵対種族の信仰対象を自分の種族ではタブー（禁忌）にすることは十分考えられる。疫病や害毒をもたらした信仰や思想、あるいは、新しい征服者に都合の悪い信仰対象などがタブーとされ、年代の経過とともに、何のための禁忌か判らなくなったとしてもタブーはタブーとして残っていく等の成立過程は考えられないだろうか。

「竜、鉄を忌む」の思想が、このようなタブーの忌むとは異なるかもしれないが、以下に述べるように、南北二大文化圏の間の対立を反映したものであることは間違いないようだ。

八　「竜、鉄を忌む」の分布

ギリシャからインド、中国、日本における神話や伝承のなかに、「竜」と「鉄」が、あたかも同一のシナリオから作られたのではないかと思われるような同類の物語が多数存在する。このシナリオのストーリーは、常に「竜」が「鉄」を忌むという筋書きになっている。

江戸時代の『金屋子縁起抄』(石田春律著)の四にも、「鉄ヲバク食シ蛟竜ハ鉄ヲ畏レ」とあるが、古代製鉄史研究家の窪田蔵郎氏*の解説によると、この本の金屋子というのは白鷺に乗って天空を飛翔し出雲に降り立って日本に製鉄技術を伝えた神のことだそうである。

蛟竜の蛟とは天界をはなれてもっぱら河川にひそむ竜のことで、形は蛇のごときもの、声は牛のごときもの、と石田英一郎『河童駒引考』に註釈されている。

蛟は、大魚やフカや鮫のことと理解してよいだろう。

九　蛟竜の害をふせぐ方策

また石田氏はフィンランド方面で水精ネッキ（人身馬怪）の魔をふせぐのに水浴中必ず金属、とくに鉄の一片を水中に入れる習慣が広く行われていることを紹介して「ここで思い出されるのは、わが国の河童や水神も鉄類を忌むということである。馬を水中に引こうとして失敗した河童が命を助けられた謝礼に毎朝川魚を届けることを約するが、ただ刃物を忌めばけっしてその処におき給うなとくれぐれも頼んだのを、後になってつい鎌や包丁を置き忘れたため、それ以来河童の貢が絶えた、という伝説は、飛弾にも阿波にもあり、飛弾大野郡清美村でこの伝説を伝える鬼淵では、今もなお金属は忌むという」と記している。

ネッキとか河童が水精の一種であることを考えると、これらが蛟竜が鉄を畏れたり忌むという元の話から派生した伝説であることが理解できよう。フィンランドやわが国だけでなく、石田氏は、中国の例も示している。

「中国では水精たる蛟がその性鉄を忌むにより、築堤にさいして大はすなわち斧鬲《ふれき》より、小はすなわち钁鋤《かくじょ》にいたるまで、鉄器数千万斤を堰に沈めたという」。

水精、ネッキ、蛟竜などの害をふせぐのに鉄器を用いるのは、それらが鉄を忌むからである、

＊窪田蔵郎　一九二六〜二〇一二　古代製鉄史研究家。長年日本鉄鋼連盟に勤める。

という話である。前掲書では、鉄柱・鉄樹を鋳し、蛟竜の害をふせぐという伝説も紹介している。「江西省南昌の鉄柱宮の井中にある鉄柱や、また同省吉水県の懸潭嶺上の鉄柱などは、いずれも真君が蛟蜃を鎮めたところのものとつたえ、四川省潅県の城西江岸にあっては、二郎君根の鉄柱を鋳て、竜をとざした鉄鏈をこれにつないだ。その他、雲南省順寧　府の城東二百里、瀾滄黒恵二江の合流点にある鉄柱は、旧伝に大禹水を治めてここにいたり、鉄を制してもって海眼を定むるものといい、江蘇省塩城県の鉄柱岡は、県北門の外二里の海岸にあり、故老相伝えて秦皇馬をつなぐの柱となしているが、あるいは『浜海蛟竜多シ、性鉄ヲ畏ル、此レヲ作ッテ鎮ム』ともいわれている。これらの鉄柱は、先にあげた鉄柱とともに、水中の蛟竜をしずめる鉄の呪能に由来するもので……」

一〇「蛟竜をしずめる」の意味

「蛟竜をしずめる」ということは、一体どのようなことを意味するのであろうか。『魏志倭人伝』によると、「夏后少康の子、会稽に封ぜられ、断髪文身、以って蛟竜の害を避けしむ。今倭の水人好んで沈没して魚蛤を捕へ、文身し亦以って大魚・水禽を厭ふ」として、入墨によって蛟竜の害をふせいだ、としている。

『「邪馬台国」はなかった』の古田武彦氏は、現在でも漁師の間で、船が難破したときには、赤いふんどしを長くたらして、ふかの襲撃をふせぐことが伝えられていると述べている。『魏志倭人伝』は三世紀頃のことを伝えているといわれているが、恐らく、太古の昔から海洋に住む人々のあいだには、海に潜ったり魚を獲ったりするときに、海禽・大魚から身を守るためのいくつかの方策を案出していたのであろう。入墨もそのうちの一つだったということであろうか。

蛟竜や蛇への畏怖の感情を招く段階から、鉄柱や鉄樹を立てたり、築堤時に鋤や斧を大量に堰に沈めて「竜、鉄を忌む」となる段階まで達するには、次のような経過があったのではないか。

一　南部農耕民や海洋民族の間で、蛟竜や蛇を畏怖の対象から、信仰の対象へと浮上させる段階

二　蛟竜や蛇への信仰から女性の呪能と結びついて、南方女権固有の信仰へと成長する段階

三　北方民との対立抗争のなかで、南方民族の（報復）攻撃が竜蛇に喩えられるごとく恐れられた段階（ヘラクレスにたいする水ヘビ、スサノオにたいするヤマタノヲロチ等）

四　北方民が鉄の威力を誇示し、南方民からの攻撃を避けるための、鉄柱・鉄樹を立てたりする段階

五　南方民も鉄器を導入し、鉄や金クソ、刃物などで、海禽・大魚の害をふせぐ段階

水中の魚の感覚がいかに鋭くとも、陸上に立てられた鉄柱では、大魚類の害をふせぐことはとうていできない。ということは、「蛟竜をしずめる」の意味は、水浴中に海禽・大魚の攻撃から身を守るという意味から転じ、蛟竜を信仰の対象とする南方民を抑えるという意味に拡大解釈することができるのではないだろうか。

一一　宗教的な中心をゆるがす力

鉄器の進出によって製鉄技術をもつ北方民族は、絶対的に優位な地位についたと思われる。南方民族が（報復）攻撃を行なおうとしても、境界地点に鉄柱が立っていたら恐ろしくて近寄らないとか、製鉄技術を持たない北方民を選んで攻撃するというようなことが推測できるのではないだろうか。

このことは、一にも二にも、鉄器文明の優位性を示している。さらに、南方民族の宗教的な象徴である竜信仰にたいするアンチテーゼとして鉄を対比させている。

ということは、鉄器の出現により、南方民族はその宗教的な中心をゆるがせられるほどまで

に強力に打ちのめされたのではないか――、紛争とか小戦争では宗教的な象徴の対立という表現にまでは至らない。一定の方向性をもったきわめて大きな力が働いた、と考えてしかるべきであろう。

北方民族学や柳田民族学とも呼ばれる民間伝承や神話などの発掘に基づく多くのすぐれた業績は、今後より鋭いリアリスティックな視覚から整理され体系化されることによって、古代像の再構築がはかられる日がやがて訪れるだろう。

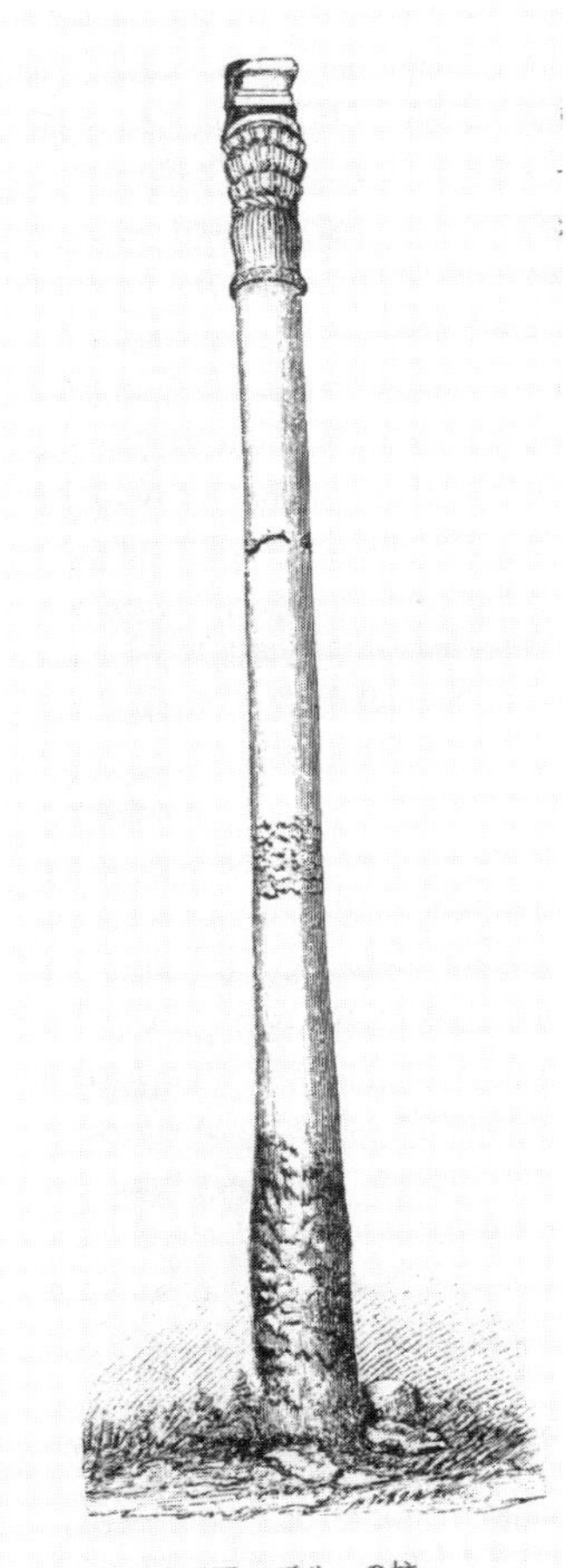

36図　デリーの柱

一二 「デリーの柱」について

鉄柱によって蛟竜の害を封じる、という話とまったく同型の話が、L・ベック著『鉄の歴史』中のインド古代製鉄章に出てくる。L・ベックの大著『鉄の歴史』について、ここでは多くのコメントは避けるが、同書を見てまず驚くことは、挿絵やカットに示されたごとく、きわめて実証的な研究だということである。

このベックの偉大な業績とこの大著を完訳された中沢護人氏のこれまた偉大な労作には、ただただ驚嘆するばかりである。L・ベック著『鉄の歴史』に語られている「デリーの柱」について、その概要を紹介してみよう。デリーのそばのイスラムのchutbe寺院の回廊のはずれに、直径四〇センチ、長さ一五メートルの鍛鉄の柱が立っている。

この柱の建立は、紀元後三一九年とも紀元前九〜一〇世紀ともいわれている。碑銘には、インドの古代の英雄の戦勝を讃えた文字が書かれている。インドの伝承によると、この柱は、地下の非常に深いところまで達し、蛇の主を突き刺しているのだといわれている。これは『Arichitecture of Ancient Dheli』(四四頁)で、つぎの伝説を伝えている。

一〇五一年、学識豊かなバラモン(僧侶)が、Anangpal王につぎのように云った。柱は地中に非常に深く達し、地中を支配する蛇の主、Vasukiの首を突き刺しています。柱が蛇の王を支えている限り、王家の支配は安全でありましょう、と。それを信じなかったAnangpal王が好奇心から柱を掘っていったら、地が蛇の王の血で染まっているのを見た。僧の云った言葉を信じなかったことにたいする恐怖が彼をとらえ、再びこれを立てようとしたが、もう地中にしっかりと固定することができなかった。それで、柱は不安定に(lose, dheli)立っていることになり、そこから、この土地と町は、Dhili(不安定)という名を得たのである。……この柱は、鍛造によって作られているが、どのようにして作ったかは大きな謎である。また錆びないという点も謎である。……この柱は単純な外観にもかかわらず、非常に数多い訪問者を遠方から引きつける。……柱が蛇の神の首の上にのっているのだという伝説が、この人気の原因である(『鉄の歴史』より抜粋)。

一三　蛇の神の首の上の柱

鉄柱による竜や蛟や蛇の神の封じ込めは、自然現象と結びつけて、まったく単純に考えれば「雷」が連想される。鉄柱が雷を呼びやすいことから雷を竜に見立てて、一見、避雷の呪のようにも考えられる。しかし、避雷ならば「鉄が竜を呼ぶ」とか「竜、鉄を好む」というような伝説が存在してもよさそうである。

しかし、鉄と竜の登場する伝承はことごとくが、鉄と竜蛇とが敵対的に配置され、しかも蛟竜の例が征服された形で終結している。これらの伝承は、かつて竜蛇水棲文化圏が広大に存在していたが、鉄に象徴される遊牧騎馬文化圏によって制圧されたことを物語っているのではないだろうか。そして、フィンランドや中国や日本だけでなく、インドにおいても同系の伝承が存在していたわけである。

一四 「蛇忌み」の時代

中山千夏*の『偏見ノート』によると、蛇にたいするぞっとするようなうすきみ悪いという気持ちは、自分の内側から自然に生まれた感情と思っていた。ところが、何の恐れもなく蛇を把えたり首に巻きつけたりする子供を見ることによって、このような考え方が基本的に誤っているのではないか、という疑いをもつようになったという。

ぞっとするとか、うすきみ悪いという強い嫌悪の情は、自分が育ってきた過程で、親とか兄弟、友人によって植えつけられ育てられて大きく増幅されてきた気持ち（偏見）なのではないか、というようなことが書かれている。

中山氏は、日本人の蛇きらいの気持ちを素直に伝えていると同時に、日本人の意識構造の底にある重要な問題への糸口を把んでいると思われる。日本人の意識の底にある「蛇を忌む」現象は、「竜、鉄を忌む」の見方からすれば、竜と鉄がたがいに忌み嫌い合っている構図は変わらないが、立場がちょうど反対側にあるわけで、日本人が鉄の側から物を見ていることになる。

つまり、鉄の側から物を見ている、ということは日本列島においても竜蛇水棲文化圏が遊牧騎馬文化圏によって制圧され、新たな支配者による過去の敵の信仰対象がタブーとされ、その根拠の一つが蛇忌みという形で残った、と考えると説明がつくのではないだろうか。現代が「鉄の時代」だとするならば、それは同時に「蛇忌みの時代」でもあるわけである。

「蛇を忌む」のパターンは、ギリシャ神話や旧約聖書においても、重大なモチーフの一つとなっていた。アダムとイブが蛇に教えられた禁断の木の実を食べることによって、人間が邪悪な心を持つようになったというエデンの園の話などは、旧約聖書冒頭の重要な構成要素であり、その後のキリスト教の及ぼした大きな影響を考えると、竜蛇の忌み嫌われかたは、それこそ激烈なものだったに違いないと思われる。

このように現代まで尾を引く竜、蛇の忌みの状況とは、既述のように東アジアにおける南北問題西アジアでの東西問題における、竜蛇信仰側の敗北、つまり北側の勝利、西側の勝利、遊

＊中山千夏　一九四八〜　作家・タレント・元参議院議員。

牧騎馬民族の勝利を意味することにはならないであろうか。先行していた銅文化をも駆逐したであろう。

一五　ヘラクレスとスサノオ

ギリシャ神話のなかで最も有名な英雄、ヘラクレスは〈一二功業〉をなしとげたという。そのなかで、特記すべきものが、レルネーのヒュドラー（水へび）退治とアマゾーンの女王との闘い、および三つの犬の頭、竜の尾をもち、背にはあらゆる種類の蛇の頭をもっていたケルベロスとの闘いである。

「レルネーの水へび」は九つの頭があって、一頭を打つと二頭がはえて出る。ヘラクレスはその切り口を火で焼くなどして退治する。アマゾーン軍との闘いでは、女王ヒッポリコテーを殺し帯を奪い、その帰途にトロイアーに寄港した。当時、この市は、アポローンとポセイドーンとの二人の神の怒りにふれ、二人の神は、この市に怪物を送り市民を困らせていた。高津春繁訳『ギリシャ神話』によると、「怪物は平野で人々を掠った。もしもラーオメドーンが彼の娘へーシオネーを怪物の餌に供えるならば災いから遁れるであろうとの神託があったので、彼は海辺の岩に彼女を縛りつけて捧げた。この女がさらわれるのを見てヘラクレスは、もしゼウ

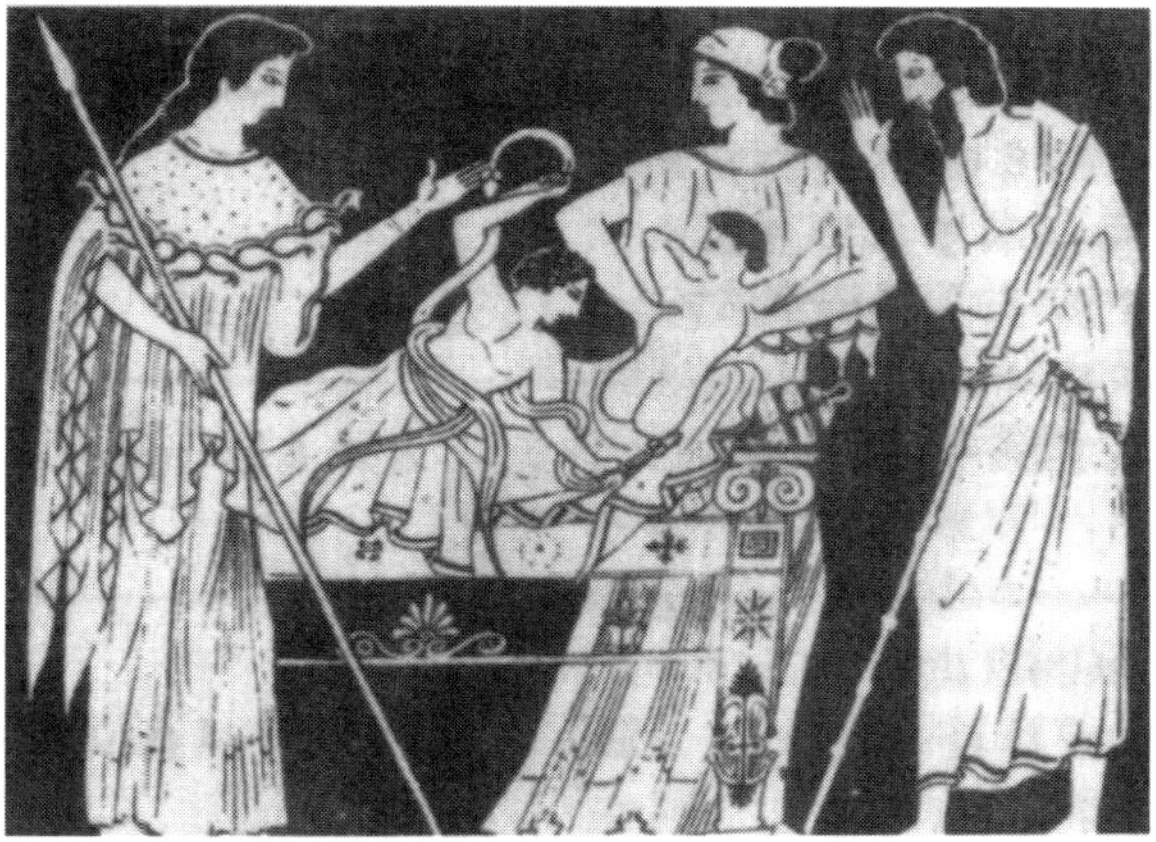

幼少時代のヘラクレス。ヘビをつかみ殺している。

スがガニュメーデースを奪った代償として与えた牝馬をラーオメドーンからもらえるならば救ってやろうとラーオメドーンに約束させ、怪物を殺してヘーシオネーを救った。……」

ヘラクレス第三の功業は、竜の尾をもち、背にはあらゆる種類の蛇の頭をもつ怪物を退治した。このように、ヘラクレスの対決した相手は、女権民族とか竜蛇・水精信仰圏の地母神とはっきり判るものが多く、彼は次々とこれらの神々を征服していった。

ヘラクレスが水精竜蛇信仰圏を征服する英雄であることは、さらに、女神ヘラとの関係において最もはっきりする。女神ヘラは、「ギリシャ神話の最高の女神であり、ギリシャ族の前の土着の大女神であった。ヘラという名は明らかにヘロス（heros）主君・貴族の女神の女性形であり、すべての者が仕える女王、大女君を意味した。

ギリシャの神が北方から到着したとき、彼らはこの偉大な女神の勢力をどうすることもできなかった（平凡社『世界大百科事典』）。女神ヘラは、ゼウスと結ばれたが、ゼウスは人間の女王アルクメネと浮気をし、ヘラクレスが生まれた。女神ヘラは、ヘラクレスを憎み、赤子ヘラクレスを殺すために二匹の蛇を送ってゆりかごに這いよらせた。赤子は蛇をおもちゃのように両手でつかんでにぎり殺した、と伝えられている。

ヘラ＝アマテラスならば、ヘラクレス＝スサノヲノミコトが、おのおの同一のキャラクターから投影された写像であり、さらに、細部のストーリーには差はあっても、無数の首をもつ水へび＝ヤマタノヲロチのキャラクターまで一致した、台本の同じ脚本を読んでいる錯覚にとらわれないであろうか。また、ギリシャ神話にせよ、日本神話にせよ、最初は偉大な女神がいて、やがて男権に執って変わる同系の物語と読むこともできる。ギリシャ族が北方から到着したというのも、東アジアの南北問題と生き写しである。

一六　ヘラクレスの武器

ホメロスに次ぐ第二のギリシャの詩人、ヘシオドスは、ヘラクレスの武器を説明するところで、「この英雄は災いを退ける鉄を肩に吊るした」と指摘している。

スサノオの場合は、ヤマタノヲロチの尾の中から鉄剣を見つけるが、神話に登場する英雄が必ず鉄と強い結びつきをもっている。

第五章　女権から男権へ

一　鉄は〝男〟〝竜蛇〟は女

ギリシャ神話と日本神話の共通点は多くの人が指摘しているが、前章で述べたように鉄の側には英雄が、竜の側には女神・水精・蛇がいる。英雄が竜蛇を退治することによって、男権が確立されるという背景に、英雄の側が製鉄技術を早く確保して使用したことがあげられる。

武器や農機具、車輪などの運搬具として、また、馬蹄に鉄を使用することによって、遊牧民たちは三〇〇キロメートルを四日間で走ることができるようになった、ともいわれている。

二　遊牧民と鍛冶神

遊牧民族の信仰と金属の関係について、L・ベックは「地下の金属を施与してくれる神々への崇拝、それがツラン系〈アルタイ〉の諸氏族に共通であり、その特色をなしていることは注目に値する」と述べているが、この話が、護雅夫氏の『古代遊牧帝国』にくわしい。

護氏は「六世紀中葉すぎにモンゴル高原を本拠として遊牧国家を建てた突厥の源流をもとめて、ようやく五世紀の高車丁零――勅勒・狄歴――に達した」。そして明・清以来、古詩の撰集にはかならず収録されている『敕勒の歌』（作者斛律金《こくりつきん》四八八～五六七）は、「その字を阿六敦《あろとうん》といったと伝えられるが、この阿六敦とは古代トルコ語で『金』を意味するアルトウン（alton）の音以外のなにものでもない」「より重要なことは、この勅勒の歌がまぎれもなくトルコ民族からの忠実な漢訳である」とし、金を媒介とした古代トルコと中国との交流を示唆している。

さらに「また、この突厥遊牧騎馬民族国家――帝国の支配氏族は阿支那氏と呼ばれた」この阿支那氏の始祖説話を読むと「阿支那氏がこのように大帝国を支配する前は、金山（アルタイ山脈）の南麓にいて、柔然に服属し、柔然のために製鉄、鍛冶に従事していたことが伝えられる」そして、この突厥がアルタイ山脈の豊かな鉱物資源を背景に製鉄技術を会得して、鋭利な鉄製武器等を製作し、それを原動力として大帝国を打ち立てたとしている。

また、同氏の『遊牧騎馬民族国家』では、モンゴル朝の帝王たちの儀式に「新年の前夜に、鍛冶屋たちは、皇帝の面前で灼熱した鉄を鍛え、一同は厳粛に上帝に感謝する」伝統があるが、これは「モンゴル人のあいだで鍛冶が重要な意味をもっていて、かれらの君長・君主のはるかな起源が鍛冶師であったことを反映しているもののように思われる」という。

あるいは、新羅の昔氏の始祖となった脱解王が「自分はもともと冶匠（鍛冶屋の親方）である、といったと伝えられ、これは「かれが、まさに、いわゆる鍛冶王（シュミード・ケーニッヒ）であったことをしめすもの」としている。

最後に、モンゴル帝国時代にモンゴルを旅行したヨーロッパ人たちの伝えることとして、「ジンギス・カンがもともとは鍛冶師であったという信仰を、当時のモンゴル人がもっていた」と述べている。

三　「鉄の道」＝男権の道

L・ベックの『鉄の歴史』を訳出した中沢護人氏は、同書の訳注のなかで、「黒海の北の草原地帯では、紀元前六世紀ごろに強力になったスキタイがあり、遠くエニセイの上流地域にまでその活動範囲がおよんでいた。黒海・カスピ海・アラル海・エニセイ河上流・マイセン湖という北アジアの草原の帯に、古い鉄の道があったのではないか。……（また、シルクロードが）東の中国文明と西のギリシャ・ローマ文明が結ばれる一つの有力なルートであった。

しかし、もっと前の時代にアジアの北方に鉄の道があって、それは東西への伝播とともに、つねに、さまざまのルートを通って南の世界へ南下していったということも考えられると述べている。

最近のシルクロード研究ブームにおいても「鉄の道」という言葉が散見されるようになってきた。日本各地に残る「たたら」という地名はほとんどすべて製鉄遺跡と関係が無いが、この「たたら」は「タタール」から転じたものではないかとする説がある。「鉄の道」と結びつけて考えてみると興味深い話である。また日本各地に「多々羅」とかの地名・人名が残っていることも事実である。遊牧民と鉄の道に関するより実証的で新しい資料の発見が期待される。

四　封じ込められた女性

一般的にいえば、鉄の製造は、男性の労働分野・活動分野を広げ、自然というものに征服されがちであった人間が、鉄器の使用によって自然を開拓することにより、相対的にも積極的にも、女性の呪術の影を薄くしたとも言えよう。

しかし、鉄の使用によって征服したのは、自然のみではなかった。鉄の技術をほぼ独占的に確保した遊牧騎馬民族たちは、対立する文化圏の水精・竜蛇信仰文化圏を征服することによって、信仰とか政治の場から女性を排除し、結果として女性を家族へ封じ込め、竜蛇へのタブーを確立した。山岳とか聖地などへの女人禁制は近代に至るまで続いてきた。

一例として、たたら場と呼ばれる金属製鋳作業場への女性の立ち入り禁止がある。日本金属学会博物館の野崎準氏は*、『鉄鋼界』誌（一九七七年一二月号）に、「女性と『たたら』」と題したエッセイを載せている。

以下、要点を抜粋すると、「日本古来の金属産業は、伝統的に作業場への女性の立ち入りを禁じている。日本古来の砂鉄製鋳法として名高い『たたら』でも、炉の設置された建物の中では金屋子神を祀り、女性の立ち入りは禁じている。例外として認められるのは『鉄山秘書』にも書かれているが、食事を運ぶ『宇成女《うなりこ》』という幼女、又は老女のみであった。出雲神社の伝承では、製鉄神である金屋子神が醜い女神であったため、人間の女性を嫌うということになっている。また刀工が作業場に女性の立ち入りを禁ずることは、よく知られており、吹子祭りに用いる三宝荒神の絵図の中には、刀工を惑わすとする裸の女性が荒神の鬼卒に弓をもって追い散らされている図を書きそえたものもある。……」女人禁制とか男尊女卑その他については、これ以上述べるまでもない。

＊野崎準　二〇〇四年三月まで金属博物館学芸員。

五 「鉄」は民主的な金属か?

古代遊牧民から発した「鉄の道」が、南へ南へと勢力拡張するにつれて、鉄器の使用による農耕の拡大・輸送・運搬具の発達、等々から進展して、現代までの文明という恩恵に浴することになった。

鉄による恩恵は、はかり知れないものをもつ反面、男権と兵器と国家、そして自然の開発が過剰となり公害とか環境破壊などが拡大している。そのような文明の負の側面のベースにも、鉄文明が大きな役割を果たしていることも事実である。

最近は、「鉄は庶民的、民主的な金属である」ということが言われるようになった。確かに、金・銀・白金と比較して、鉄は、まったく庶民的な金属である。「村の鍛冶屋」という風景に象徴されるように、昔からへんぴな片田舎でも鉄の加工が行われてきた。しかし、鉄が民主的か、というと、必ずしも首肯しかねるのである。これまで述べてきたように、鉄の担わされた役割は、男権と兵器と国家体制という形で、女権とか植民地とか底辺の民衆とかを制圧する側に大きく加担していたのではないだろうか。

六　金・銀と南北問題

金と銀のもつ社会的役割を考えると、金銀は貨幣とか富という形態ではあるが、鉄とは役割こそは異なれ、資本主義という巨大な体制のなかでの金銀の蓄積や流通が、国家や権力者の手で進められている点において、基本的に鉄と同じ要素を含んでいるといえる。鉄が男権社会の扉を開いたとするならば、金と銀は、資本の蓄積という過程で最も重要な役割を持ち、今日の「男権と資本の社会」確立への大きな影武者となってきた。

金属器を持った男たちの出現
青銅器・鉄器・草薙の剣

●武器……農機具……馬蹄
●無限のパワーが台頭

たちまちにして英雄が出現

ヘラクレス、スサノオ

金・銀に関しては、人類にとって次のように極めて現代的で重要な問題が提起されている。今日、南北問題と言われる問題は、主として温帯地方の先進国と、熱帯地方に多い発展途上国（旧植民地）の経済力の差にもとづいた各種問題のことであろうが、これをどのように打開するか、という点に関心がはらわれている。

このような問題の発生する背景にも、錬金術から発展した文明と国家の問題が大きく介在している。国家通貨として金銀が採用されたとき、世界の主要な金銀鉱山と精錬と精錬設備は、先進諸国に独占的に掌握されていた。これらの鉱山と精錬設備からは、富の源泉としての金銀が大量に直接的に支配者たちの手に渡され、あるいは軍資金にあるいは備蓄されて来た。このような金銀の生産は、従来の食料中心の生産とは根本的に異なり、国家とか権力と結びついて、富を直接に生産したわけである。

金銀生産の利点を、例えば繊維の生産と比較すれば、好不況とか、生産過剰とか、生産調整の必要がなく常時生産して、貨幣経済社会においてまったく有利な地位を確保することができる点に求められるだろう。

いずれにせよ、資本の継続的蓄積という抽象的な概念が、金銀の存在によって具体的に可能となったわけである。現代資本主義社会が金属文明をベースとしていることは、金銀の問題からも伺い知ることができる。この社会に後れて参加してきたアジア・アフリカ社会が、一部の産油国等を除いて、とにかく不利なスタートをしなければならないことはあきらかであろう。

七　今や「鉄、竜を食らう」

元を辿れば現代社会は鉄とヘラクレスによって切り拓かれ、文明・科学技術・資本・国家・君主制・戦争・男性に象徴される「陽」の社会が、わがもの顔に闊歩している。

反面、敗者である竜と女性・竜と水精に象徴される「陰」の社会は現代社会の裏面で横たわっている。風俗から見れば、入墨とか蛇つかい師、女祈とう師、刃物忌み「蛇道」などという言葉、各地水神や竜神信仰など底辺の社会にほのかに息づく文化の残滓の中にも見出される。「悪」とか「赤」はアクア（水）を語源とするという説もある。しかし、女性史ということに限定すると、男尊女卑とか「女性は家庭に」とか、その他もろもろの男女差別の形は、人類の半数を占める女性の立場を著しく軽視するものである。この女性は、ほのかに息づいている訳ではなくて人間社会の基本構成員として、歴史の重みに耐えてきた存在である。

「竜、鉄を忌む」が今や「鉄、竜を食う」となって久しいが、私達はこの状態を何とかしなければならないことは確かである。「竜、鉄を忌む」の状況とは、陽の側からは、明白に我々現代の社会生活を規定し、陰の側からも我々の日常生活と密着しているとすれば、「鉄、竜を食う」となった状況中の異常な部分は現代人全体で是正していかなければならないと言えないだろうか。

それでは、このような「鉄」の立場にたいして、人類は今後どのような社会的役割を与えるべきなのか――。その答えは私なりに短く喩えていえば、「人を傷つけるために刃物を使わないで、果物を平等に分けるために使うべきこと」そして「歴史上のいきがかりから『鉄』が必要以上に女性を排除してきたことを認識して、女性の地位を原点まで戻すべきだ――。」この二点に要約される。

八　科学のゆがんだ発展

現代の一つの問題として、誰のための科学かを忘れたために、科学と人間との遊離現象が進展している。科学の細分化と専門化が進んだため、科学に従事する者は多くなったが、科学者個人が統一的な科学像を捉えることが困難となり、自らの専門や研究は科学的に進行させ科学的に実験するにもかかわらず、世界観や社会生活においては、非科学的・非理性的傾向をもつという、二律的な生き方をしている例が多い。たてまえとほんね論などが横行している。科学的手法の統一化は進んでも、科学と人間に関する、何のための科学かの立脚点を見失い、世界や宇宙についての総合的な把握を行なわないために、バランスの崩れた科学の発展、テーマの不均衡が見られる。

例えば、星占いは紀元前における総合的な学問の一大到達点であった。しかし、現代の学問が、細分化のあまり本来の立脚点を見失いがちになるとき、過去の総合的学問（宗教や易占い）によって不意打ちを食らうことになる。科学の視点から人間の宗教心や、人の生き方を問うことで時にはそれが証明されたり大きな発見につながることは好ましいが、科学をさておいて星占いが流行したり、高いレベルの教育を受けた科学者が、オウム真理教により惑わされた事件など記憶に新しい。人間はやはり迷信や流言にたいして常に警戒する鋭い嗅覚を持つ必要がある。

太陽黒点と冷害とか地震、潮の干満と動物の生理的影響などから、星占いと科学との間には一定の根拠は推定できるにもかかわらず、現代の科学が、総合的という面では欠けるところがあるために、専門化しすぎた個人の科学者は、紀元前の総合的な成果の域に達し切れずに屈服してしまう。過去の成果が十分蓄積されていないという科学自体のなかのバランスの崩れた発展状況もある。宗教や権威を自己の精神生活の拠とする科学者も多い。

九　新しい女権への模索

このような流れとは別に、理性・科学自体への基本的な疑問というものが提起されている。この一つには、男権社会への疑問という行動をとるウーマンリブ運動がある。

本書においては、男権社会への移行様態についてその一断面を考察したつもりであるが、本稿の範囲のなかでの女権社会の背景、呪術社会の背景には、自然にたいしての恐れとおののきが大きく横たわっていたのではないだろうか。金属文明が自然を開拓し始めたことによって、自然の征服者としての人間の自信が恐れとおののきを遠ざけていったと考えられる。

理性というものは、このように、人間が自然に向かって前進する過程での健康な精神性を発露されることであろうが、科学のゆがんだ発展、原子力、公害、エネルギーの限界から生じる、科学技術が行きつく先への不安、原子力や宇宙への恐れとおののきは、一つには、直線的に理性否定の方向のベクトルを作動し始める場合もあろう。そして、本稿の倫理をストレートに当てはめていくならば、男権否定・文明否定・呪術復活というケースもありうる。

しかし、その前に、男権のための文明、男権のための金属文明、やがて蓄積された資本と男権のための科学技術から人類のための文明、男女平等社会へと移行させることが必要であろう。

そして秘密のベールにつつまれた呪術のイメージをもつ女権の復権でなく、科学に裏打ちされた、新しい形の女権の確立へ向けての、もう一つの道こそがこれから模索・追及されるべき道なのではないだろうか。

主な参考文献一覧

ヘレン・フィッシャー著『女の直感が男社会を覆す』（草想社）
ユング著『錬金術と心理学』（みすず書房）
フロイト著『精神分析入門』（角川文庫）
イプセン著『人形の家』（講談社版世界文学全集第五八巻）
服藤早苗著『平安朝の家と女性――北政所の成立』（平凡社）
武光誠編『古代女帝のすべて』（新人物往来社）
清宮四郎著『憲法』（有斐閣）
広川洋一著『ヘシオドス研究序説』（未来社）
L・ベック著中沢護人訳『鉄の歴史』第一巻（一）、（二）（たたら書房）
エンゲルス著『家族・私有財産・国家の起源』（岩波文庫）
佐喜真興英著『女人政治考・霊の島々』（新泉社）
護雅夫――読売新聞一九七九年五月一八日
吉野裕子著『蛇』（法政大学出版局）

谷川健一著『女の風土記』（講談社）
大森太良著『邪馬台国』（中公新書）
柳田国男著『桃太郎の誕生』（角川書店）
石田英一郎著『河童駒引考』（東京大学出版会）
鈴木秀夫著『森林の思考・砂漠の思考』（ＮＨＫブックス）
石田春律著『金屋子縁起抄』
古田武彦著『「邪馬台国」はなかった』（朝日文庫）
中山千夏『偏見レポート』（文春文庫）
アポロドーロス著『ギリシャ神話』（岩波文庫）
平凡社大百科辞典「ヘラ」の項目より
護雅夫著『古代遊牧帝国』（中公新書）
護雅夫著『遊牧騎馬民族国家』（講談社）
野崎準『鉄鋼界』誌一九七七年一二月号
Sci.News（一九七八年一二月号）

あとがき■　今こそ女神の復活を……

本書で法律論として述べてきたように、国会で法制化されれば、女帝は実現可能となる。国民の八〇パーセント近くが賛成とのアンケート結果もある。したがって、ここでは、やがていつか即位されるであろう女帝に懸ける期待について書いてみたい。大量の課題と期待があることは確かであるが、まず、世界に目を向けて欲しい。

イスラエルの同じ小さな町に、キリスト教、ユダヤ教、イスラム教の聖地が存在する。いずれも唯一神であるため、その他の利害や対立を巻きこんで、激しく切り刻み合い悲惨な戦争がつづいている。宗教戦争と見るのは間違っているといわれるが、宗教は救いであるべきである。戦争の理由が何であろうと、宗教は和平的な介入をしていく必要がある。現状は何もできていないに等しい。

宗教の体質を変えなければならないのだ。本書の論理に従うと、実は、女神の復活は世界でこそ求められている。巨大宗教はどの宗教も男子を教祖としている。ここを変えるには何をすればよいか。宗教者も含め考えていくことを提案したい。しかも、新しい女神は一人で良い。巨大宗教が統一し、利権争いの戦争に歯止めを掛けなければならない。

今の時代、国と国の距離が短くなっている、言葉ですら接近している。LOGINなどのコンピューター言語など、大多数の地球人が使っているではないか。宗教が後れを取っているのだ。国家が後れているのである。

打開策は何か？　イスラエルの町に新しい女神が待望されている。女神は何国人であっても良い。三大宗教の聖地エルサレムで、「平和のための宗教統合を」を掲げて、布教を始める女神が待望されるのだ。平和な日本の女帝の最大課題として、こんな課題はいかがなものであろうか。

ただし、大切なわれらが女帝、戦地に行って、機関銃の標的になってもいけない。そのためには、相当の外交手段が不可欠である。仮に、愛子妃殿下が最初の女帝とするならば、母としての雅子皇太后殿下にも強力なサポートをお願いしたい。皇室の都合で紀子妃殿下となられても母としての紀子妃殿下にも同様なサポートをお願いしたいものである。

友人達が、激しい口調で、マルクス論議を展開しているとき、私は江上波夫、石田英一郎、大林太良にのめりこんでいった。理科の学生なのに「人類学的文章論の研究」が雑誌『ことばの宇宙』に入選し、言語学、心理学はその後もずっとフォローしてきたつもりである。

本文中の引用文献を見ていただければお気付きかと思うが、本テーマは相当長い間抱えてきた、いわば、ライフワークである。ただ、時代は流れ、その後多数の女性論の研究者が輩出し活躍されている。過去の学問分野からいえば、女性論は新しい切り口である。したがって、実証的でなければ、空論といわれてしまう。しかし、もっとも知りたい邪馬台国あたりのこととなると、『魏志倭人伝』ほか二、三点の文献しか見つかっていない。

このなかから、婚姻の在り方、男女の役割分担などを割り出すのは至難の技である。しかし、いくつかの仮説を立てて見て、文化人類学的に整理して見ると、女性史にかかわる多くの謎が一気に説明できることがわかった。

そこへきて、この女帝問題である。機が熟したというべきか、誰でもがこの問題に関心を持ってきている。本書は、資料としてでも良いので、それらの思いをまとめていかれる方々のために、少しでもお役に立てればと思う次第である。

男子たる私が、素直に書くとしたら、男権論、とか父権論であったほうがまともなはずなのに、何故に、女帝や、女権について書くのか。答えは単純である。ここに多くの謎の答えがぎっしり詰まっていたからである。

現代人を苦しめているものとは、女性原理、生命原理の否定の風潮・慣習・法律であり、戦争、自殺、結婚をしない若者など、形はさまざまである。この、風潮・慣習・法律の流れを断ち切って新しい世界を目指さなければならない。*

生命原理を回復する方向で、最近清新に見えるのは、フィリピンのアロヨ大統領の行動である。捕虜の命を救うために全軍をイラクから撤退させた。男性大統領だと、なかなか踏み切れない行動である。現に日本人人質香田さんは残虐な形で殺されてしまった。国民の命の重さと自衛隊派遣の重みにたいしる考え方がアロヨ大統領と小泉首相では百八十度異なることが露呈された事件である。香田さんにたいする対処法のちがいは、戦争と平和の分岐点であることが判るであろうか。国民大多数の安全のために犠牲になったという論理を認めてしまうと、一億数千万人のために百人、千人、一万人となっても一度認めたじゃないか、といって気がつけば戦争に突入していっても抗弁できなくなってしまう。現状の流れにたいする打開策として、戦争がつづく限り解決は女性首班に託すというのは歴史の教訓でもある。女帝実現のつぎは女性首相であり、施策には期待がかかる。

女性が天皇や首相になっても、孤立無援にさせてはいけない。生命原理がきちんと取りこまれたシステムを考案していかなければならない。環境問題への取組み、地域ボランティア、スローライフ、おしゃべり、身の回りにいろいろある。

私は、最近になって、初めて、易占いの効用に目覚めた。母が占い師だったこともあり、その手の本は大量にある。ちょっとした旅行（一〇〇キロメートル以遠）に行くときの方位と出発時間を占う本がある。ややこしい手順を経てその答えが出るのだが、一年分全部出して見たら、なんと、夏は日の出前に北へ、冬は、日の出後に南へ、の二つの答えに集約した。その逆をやったら、夏は汗だく、冬は凍えてしまう。気候のことを考慮すると当たり前の結論。ここに、易占いの〝科学的な意味〟が顔をのぞかせている。

易占いには、気象学・気象予報みたいな性格がある、ということは科学の領域にもうすぐ取り込まれる可能性が高いと考えられる。地球という自然は、ある規則性をもって回転したり、太陽光を浴びたり、陰になったりする。人間という自然は母の胎内からうまれ、ゆりかごで育てられてやがて歩み育っていく。

地球が固定されて動かない星ならば、人間はその周辺に慣れればよい。しかし、地球は高速に回転し太陽の周囲を移動している。このために風が生まれ、日照りや大雨が来る。人間は、このなかで生きつづけなければならない。人は弱き葦のようなものである。無理をすればすぐに風邪を引く。嵐の日にはぐっとこらえ、快晴の日には元気でピクニック、というリズムを持てば長生きできる。易占いは、人間がこの地球上で快適に生きるための先人の遺した智恵なのではないかと思う。

現代の、効率重視、time is money の世界で、占いを取り込むことは、一見無駄のようである。しかし、日を選び、方角を選ぶことで、待ち時間やゆとりが生まれる。次の効率をかせぐための、安息日である。がむしゃらに効率ばかりを追って、頓挫するよりも、ゆとりを持つほうが、長い道のりでは確実に成果が上がる。易占いの効果は、それなりの根拠を持ったゆとりではないかと考える今日この頃である。

(注) 女性原理を語る論者は、一時は、田嶋洋子さんばかりと思っていたが、最近は、瀬戸内寂聴さん、「女性が夕方からビールを飲める

し、結婚も離婚も自由、でもまだまだよ、女性の政治家は少ない。子育ての負担は大きい。男女平等までいっていない。」と軽く語っておられる。しかし、最近女性の声明原理をよりしっかり捉えているのが、三砂ちずる著『女が女になること』と『オニババ化する女たち、女性の身体性を取り戻す』（光文社新書）である。三砂ちずるさんは「倫理で女性というものを測るのではなくて、いきいきと女でありたい…」「性をぞんぶんに楽しみ、はげしく男と交わり、自信をもって子供を産み育てられることをＯＫという社会にならなければ」という。

（二〇一八年二月追記）

尚、本書の完成にいたる過程で、明月堂社主末井さんに大変御世話になりました。また、短時間の間に本稿を読み上げて、敬語指導をしていただいたＩＣＵＯＢグランドマザーＭＹ夫人にこの場を借りて感謝の意を表するものである。

［資料１］

皇室典範

昭和二二年一月十六日
法律第三号

施行昭二二・五・三
改正昭二四－法一三四

第一章皇位継承

第一条［継承の資格］皇位は、皇統に属する男系の男子が、これを継承する。
第二条［継承の順序］皇位は、左の順序により、皇族に、これを伝える。
一　皇長子
二　皇長孫

三　その他の皇長子の子孫
四　皇次子及びその子孫
五　その他の皇子孫
六　皇兄弟及びその子孫
七　皇伯叔父及びその子孫
・前項各号の皇族がないときは、皇位は、それ以上で、最近親の系統の皇族に、これを伝える。
・前二項の場合においては、長系を先にし、同等内では、長を先にする。
第三条〔順序の変更〕皇嗣に、精神若しくは身体の不治の重患があり、又は重大な事故があるときは、皇室会議の議により、前条に定める順序に従つて、皇位継承の順序を変えることができる。

第四条〔即位〕天皇が崩じたときは、皇嗣が、直ちに即位する。

第二章皇族
第五条〔皇族の範囲〕皇后、太皇太后、皇太后、親王、親王妃、内親王、王、王妃及び女王を皇族とする。

第六条〔親王・内親王・王・女王〕嫡出の皇子及び嫡男系嫡出の皇孫は、男を親王、女を内親王とし、三世以下の嫡男系嫡出の子孫は、男を王、女を女王とする。

第七条〔特別の親王・内親王〕王が皇位を 継承したときは、その兄弟姉妹たる王及び女王は、特にこれを親王及び内親王とする。

第八条〔皇太子．皇太孫〕皇嗣たる皇子を皇太子という。皇太子のないときは、皇嗣たる皇孫を皇太孫という。

第九条〔養子の禁止〕天皇及び皇族は、養子をすることができない。

第一〇条〔立后及び皇族男子の婚姻〕立后及び皇族男子の婚姻は、皇室会議の議を経ることを要する。

第一一条〔皇族身分の離脱〕年齢十五年以上の内親王、王及び女王は、その意思に基き、皇室会議の議により、皇族の身分を離れる。
・親王（皇太子及び皇太孫を除く。）内親王、王及び女王は、前項の場合の外、やむを得ない特別の事由があるときは、皇室会議の議により、皇族の身分を離れる。
第一二条〔皇族女子の婚姻による離脱〕皇族女子は、天皇及び皇族以外の者と婚姻したときは、皇族の身分を離れる。

第一三条〔皇族身分離脱者に伴う離脱〕皇族の身分を離れる親王又は王の妃並びに直系卑属及びその妃は、他の皇族と婚姻した女子及びその直系卑属を除き、同時に皇族の身分を離れる。

但し、直系卑属及びその妃については、皇室会議の議により、皇族の身分を離れないものとすることができる。

第一四条［妃の離脱する場合］皇族以外の女子で親王妃又は王妃となつた者が、その夫を失つたときは、その意思により、皇族の身分を離れることができる。

・前項の者が、その夫を失つたときは、同項による場合の外、やむを得ない特別の事由があるときは、皇室会議の議により、皇族の身分を離れる。

・第一項の者は、離婚したときは、皇族の身分を離れる。

・第一項及び前項の規定は、前条の他の皇族と婚姻した女子に、これを準用する。

第一五条［婚姻による皇族身分の取得］皇族以外の者及びその子孫は、女子が皇后となる場合及び皇族男子と婚姻する場合を除いては、皇族となることがない。

第三章摂政

第一六条［摂政を置く場合］天皇が成年に達しないときは、摂政を置く。

・天皇が、精神若しくは身体の重患又は重大な事故により、国事に関する行為をみずからすることができないときは、皇室会議の議により、摂政を置く。

第一七条［就任の順序］摂政は、左の順序により、成年に達した皇族が、これに就任する。

一　皇太子又は皇太孫

二　親王及び王
三　皇后
四　皇太后
五　太皇太后
六　内親王及び女王
・前項第二号の場合においては、皇位継承の順序に従い、同項第六号の場合においては、皇位継承の順序に準ずる。

第一八条〔順序の変更〕摂政又は摂政となる順位にあたる者に、精神若しくは身体の重患があり、又は重大な事故があるときは、皇室会議の議により、前条に定める順序に従つて、摂政又は摂政となる順序を変えることができる。

第一九条〔摂政の更迭〕摂政となる順位にあたる者が、成年に達しないため、又は前条の故障があるために、他の皇族が、摂政となつたときは、先順位にあたつていた皇族が、成年に達し、又は故障がなくなつたときでも、皇太子又は皇太孫に対する場合を除いては、摂政の任を譲ることがない。

第二〇条〔摂政の廃止〕第十六条第二項の故障がなくなつたときは、皇室会議の議により、摂政を廃する。

第二一条〔摂政の特典〕摂政は、その在任中、訴追されない。但し、これがため、訴追の権利は、害されない。

第四章成年、敬称、即位の礼、大喪の礼、皇統譜及び陵墓

第二二条〔成年〕天皇、皇太子及び皇太孫の成年は、十八生年とする。

第二三条〔敬称〕天皇、皇后、太皇太后及び皇太后の敬称は、陛下とする。

・前項の皇族以外の皇族の敬称は、殿下とする。

第二四条〔即位の礼〕皇位の継承があったときは、即位の礼を行う。

第二五条〔大喪の礼〕天皇が崩じたときは、大喪の礼を行う。

第二六条〔皇統譜〕天皇及び皇族の身分に関する事項は、これを皇統譜に登録する。

第二七条〔陵墓〕天皇、皇后、太皇太后及び皇太后を葬る所を陵、その他の皇族を葬る所を墓とし、陵及び墓に関する事項は、これを陵籍及び墓籍に登録する。

第五章皇室会議

第二八条〔皇室会議の組織〕皇室会議は、議員十人でこれを組織する。

・議員は、皇族二人、衆議院及び参議院の議長及び副議長、内閣総理大臣、宮内庁の長並びに最高裁判所の長たる裁判官及びその他の裁判官一人を以て、これに充てる。

・議員となる皇族及び最高裁判所の長たる裁判官以外の裁判宮は、各々成年に達した皇族又は

最高裁判所の長たる裁判官以外の裁判官の互選による。
第二九条〔議長〕内閣総理大臣たる議員は、皇室会議の議長となる。
第三〇条〔予備議員〕皇室会議に、予備議員十人を置く。
・皇族及び最高裁 判所の裁判官たる議員の予備議員については、第二十八条第三項の規定を準用する。
・衆議院及び参議院の議長及び副議長たる議員の予備議員は、各々衆議院及び参議院の議員の互選による。
・前二項の予備議員の員数は、各々その議員の員数と同数とし、その職務を行う順序は、互選の際、これを定める。
・内閣総理大臣たる議員の予備議員は、内閣法の規定により臨時に内閣総理大臣の職務を行う者として指定された国務大臣を以って、これに充てる。
・宮内庁の長たる議員の予備議員は、内閣総理大臣の指定する宮内庁の官吏を以ってこれに充てる。
・議員に事故のあるとき、又は議員が欠けたときは、その予備議員が、その職務を行う。
第三一条〔衆議院解散の場合の議員〕二十八条及び前条において、衆議院の議長、副議長又は議員とあるのは、衆議院が解散されたときは、後任者の定まるまでは、各々解散の際衆議院の議長、副議長又は議員であつた者とする。

第三二条〔議員の任期〕皇族及び最高裁判所の長たる裁判官以外の裁判官たる議員及び予備議員の任期は、四年とする。

第三三条〔招集〕皇室会議は、議長が、これを招集する。
・皇室会議は、第三条、第十六条第二項、第十八条及び第二十条の場合には、四人以上の議員の要求があるときは、これを招集することを要する。
第三四条〔定足数〕皇室会議は、六人以上の議員の出席がなければ、議事を開き議決することができない。

第三五条〔表決〕皇室会議の議事は、第三条、第十六条第二項、第十八条及び第二十条の場合には、出席した議員の三分の二以上の多数でこれを決し、その他の場合には、過半数でこれを決する。
・前項後段の場合において、可否同数のときは、議長の決するところによる。
第三六条〔利害関係のある議事参与禁止〕議員は、自分の利害に特別の関係のある議事には、参与することができない。

第三七条〔権限〕皇室会議は、この法律及び他の法律に基く権限のみを行う。

附則

・この法律は、日本国憲法施行の日〔昭二二・五・三〕から、これを施行する。
・現在の皇族は、この法律による皇族とし第六条の規定の適用については、これを嫡男系嫡出の者とする。
・現在の陵及び墓は、これを第二十七条の陵及び墓とする。

元号法

昭和五四年六月一二日　法律第四三号
施行　昭和五四・六・一二

1元号は、政令で定める。
2元号は、皇位の継承があつた場合に限り改める。

附則

1この法律は、公布の日から施行する。
2昭和の元号は、本則第一項の規定に基づき定められたものとする。

御代	1	2	3	4
	神武《じんむ》天皇	綏靖《すいぜい》天皇	安寧《あんねい》天皇	懿徳《いとく》天皇
	前660-前585	前581-前549	前549-前511	前510-前477
5	6	7	8	9
孝昭《こうしょう》天皇	孝安《こうあん》天皇	孝霊《こうれい》天皇	孝元《こうげん》天皇	開化《かいか》天皇
前475-前393	前392-前291	前290-前215	前214-前158	前158-前98
10	11	12	13	14
崇神《すじん》天皇	垂仁《すいじん》天皇	景行《けいこう》天皇	成務《せいむ》天皇	仲哀《ちゅうあい》天皇
前97-前30	前29-後70	71-130	131-190	178-200
15	16	17	18	19
応神《おうじん》天皇	仁徳《にんとく》天皇	履中《りちゅう》天皇	反正《はんぜい》天皇	允恭《いんぎょう》天皇
270-310	313-399	400-405	406-410	412-453
20	21	22	23	24
安康《あんこう》天皇	雄略《ゆうりゃく》天皇	清寧《せいねい》天皇	顕宗《けんそう》天皇	仁賢《にんけん》天皇
453-456	456-479	480-484	485-487	488-498
25	26	27	28	29
武烈《ぶれつ》天皇	継体《けいたい》天皇	安閑《あんかん》天皇	宣化《せんか》天皇	欽明《きんめい》天皇
498-506	507-531	531-535	535-539	539-571
30	31	32	33	34
敏達《びたつ》天皇	用明《ようめい》天皇	崇峻《すしゅん》天皇	推古《すいこ》天皇	舒明《じょめい》天皇
572-585	585-587	587-592	592-628	629-641
35	36	37	38	39
皇極《こうぎょく》天皇	孝徳《こうとく》天皇	斉明《さいめい》天皇	天智《てんじ》天皇	弘文《こうぶん》天皇
642-645	645-654	655-661	668-671	671-672
40	41	42	43	44
天武《てんむ》天皇	持統《じとう》天皇	文武《もんむ》天皇	元明《げんめい》天皇	元正《げんしょう》天皇
673-686	690-697	697-707	707-715	715-724

資料2　歴代天皇一覧

45	46	47	48	49
聖武《しょうむ》天皇	孝謙《こうけん》天皇	淳仁《じゅんにん》天皇	称徳《しょうとく》天皇	光仁《こうにん》天皇
724-749	749-758	758-764	764-770	770-781
50	51	52	53	54
桓武《かんむ》天皇	平城《へいぜい》天皇	嵯峨《さが》天皇	淳和《じゅんな》天皇	仁明《にんみょう》天皇
781-806	806-809	809-823	823-833	833-850
55	56	57	58	59
文徳《もんとく》天皇	清和《せいわ》天皇	陽成《ようぜい》天皇	光孝《こうこう》天皇	宇多《うだ》天皇
850-858	858-876	877-884	884-887	887-897
60	61	62	63	64
醍醐《だいご》天皇	朱雀《すざく》天皇	村上《むらかみ》天皇	冷泉《れいぜい》天皇	円融《えんゆう》天皇
897-930	930-946	946-967	967-969	969-984
65	66	67	68	69
花山《かざん》天皇	一条《いちじょう》天皇	三条《さんじょう》天皇	後一条《ごいちじょう》天皇	後朱雀《ごすざく》天皇
984-986	986-1011	1011-1016	1016-1036	1036-1045
70	71	72	73	74
後冷泉《ごれいぜい》天皇	後三条《ごさんじょう》天皇	白河《しらかわ》天皇	堀河《ほりかわ》天皇	鳥羽《とば》天皇
1045-1068	1068-1072	1069-1086	1086-1107	1107-1123
75	76	77	78	79
崇徳《すとく》天皇	近衛《このえ》天皇	後白河《ごしらかわ》天皇	二条《にじょう》天皇	六条《ろくじょう》天皇
1123-1141	1141-1155	1155-1158	1158-1165	1165-1168
80	81	82	83	84
高倉《たかくら》天皇	安徳《あんとく》天皇	後鳥羽《ごとば》天皇	土御門《つちみかど》天皇	順徳《じゅんとく》天皇
1168-1180	1180-1185	1185-1198	1198-1210	1210-1221
85	86	87	88	89
仲恭《ちゅうきょう》天皇	後堀河《ごほりかわ》天皇	四条《しじょう》天皇	後嵯峨《ごさが》天皇	後深草《ごふかくさ》天皇
1221-1221	1221-1232	1232-1242	1242-1246	1246-1259

90	91	92	93	94
亀山《かめやま》天皇 1259-1274	後宇多《ごうだ》天皇 1274-1287	伏見《ふしみ》天皇 1287-1298	後伏見《ごふしみ》天皇 1298-1301	後二条《ごにじょう》天皇 1301-1308
95	96	97	98	99
花園《はなぞの》天皇 1308-1318	後醍醐《ごだいご》天皇 1318-1339	後村上《ごむらかみ》天皇 1339-1368	長慶《ちょうけい》天皇 1368-1383	後亀山《ごかめやま》天皇 1383-1392
北1	北2	北3	北4	北5
光厳《こうごん》天皇 1332-1333	光明《こうみょう》天皇 1337-1348	崇光《すこう》天皇 1349-1351	後光厳《ごこうごん》天皇 1353-1371	後円融《ごえんゆう》天皇 1374-1382
100	101	102	103	104
後小松《ごこまつ》天皇 1382-1412	称光《しょうこう》天皇 1414-1428	後花園《ごはなぞの》天皇 1429-1464	後土御門《ごつちみかど》天皇 1465-1500	後柏原《ごかしわばら》天皇 1521-1526
105	106	107	108	109
後奈良《ごなら》天皇 1536-1557	正親町《おおぎまち》天皇 1560-1586	後陽成《ごようぜい》天皇 1586-1611	後水尾《ごみずのお》天皇 1611-1629	明正《めいしょう》天皇 1629-1643
110	111	112	113	114
後光明《ごこうみょう》天皇 1643-1654	後西《ごさい》天皇 1656-1663	霊元《れいげん》天皇 1663-1687	東山《ひがしやま》天皇 1687-1709	中御門《なかみかど》天皇 1710-1735
115	116	117	118	119
桜町《さくらまち》天皇 1735-1747	桃園《ももぞの》天皇 1747-1762	後桜町《ごさくらまち》天皇 1763-1770	後桃園《ごももぞの》天皇 1770-1779	光格《こうかく》天皇 1780-1817
120	121	122	123	124
仁孝《にんこう》天皇 1817-1846	孝明《こうめい》天皇 1847-1866	明治《めいじ》天皇 1868-1912	大正《たいしょう》天皇 1912-1926	昭和《しょうわ》天皇 1928-1989
125 今上天皇 1990-				

ARENDT

著者紹介

鈴木邦輝（すずきくにてる）

1944年生まれ。横浜市出身。

東京大学工学部金属工学科卒業。

在学中は『東京大学新聞』編集長をつとめた。

入学後、原水爆禁止運動に触発され、安易な体制人となることなく、アウトサイダーとして常識を疑う道を選ぶ。理論言語講座公募論文で入選し、以後、理系・文系の壁を打破した生き方を選ぶ。

鉄鋼会社勤務・知的財産部長を経て、現在、自然エネルギー開発、うなぎ養殖、金山開発、認知症施設経営で着地し、シニア経団連「和尊」理事長代行、日本金鉱山（株）常務取締役、ちば環境開発（株）代表取締役、四杙会副会長、国連 NGO PRIDE 幹事。専門の錬金術師アルケミストは、金鉱山開発中で、現在、「恋琴術師の作法とは」を執筆中。

女帝待望論

2018年5月25日　初版　第1刷　発行

著者
鈴木邦輝《すずきくにてる》

編集
極内寛人
発行人
末井幸作
組版
大谷浩幸
カバーイラスト
東海林ユキエ

発行・発売
株式会社　明月堂書店
〒162-0054 東京都新宿区河田町3-15 河田町ビル3Ｆ
電話 03-5368-2327
fax 03-5919-2442
http://meigetu.net

印刷・製本
モリモト印刷株式会社

ISBN4-903145-61-7　C0095　Printed in Japan
定価はカバーに表示してあります。
乱丁・落丁はお取り換えいたします。